西南学院大学博物館研究叢書

宣教師とキリシタン

霊性と聖像のかたちを辿って

Missionaries and Christians in Japan
Spirituality and Holy Images

下園知弥・宮川由衣=編

西南学院大学博物館
SEINAN GAKUIN UNIVERSITY MUSEUM

ご 挨 拶

　2006（平成18）年の開館以来，西南学院大学博物館は，本学の建学の精神である
キリスト教主義に則り，キリスト教文化に関する資料収集・調査研究・展示教育活
動を行っています。私たちの使命は，博物館資料という具体的なモノをとおしてキ
リスト教文化の理解を深める教育活動を行うことであり，時代や国，教派の枠にと
らわれず，多種多様なキリスト教文化に関する資料を調査し，その成果を発信して
います。今回の展覧会では，これまでの収集および調査研究活動の中から「宣教師」
と「キリシタン」に関するものを選び，一つの特別展として構成しています。

　宣教師とキリシタンの関係は，1549（天文18）年の聖フランシスコ・ザビエル来
日にまで溯り，約470年にわたる長い歴史があります。この歴史の中でしばしばク
ローズアップされるのは，禁教・迫害という「悲劇」の側面です。しかしその一方
で，宣教師とキリシタンが互いに信頼関係を築き，共同で一つの宗教文化を作り上
げていった「幸福」な時期があったのも確かな事実です。禁教・迫害の時代も宣教
師とキリシタンの関係が断絶してしまったという意味では悲劇の時代ですが，潜伏
キリシタンたちが時代状況に適応して独自の宗教文化を形成し，子孫へ継承してい
ったという，文化のダイナミズムを感じ取れる時代でもありました。

　本展覧会は，キリシタンたちの悲劇の側面ではなく，宣教師の来日から再布教に
至るまでの，宣教師とキリシタンが共同で作り上げた宗教文化について，さまざま
な資料と共に紹介することを企図しています。本展覧会に来ていただいた方，また
本図録を手に取っていただいた方に，この宗教文化の諸相と魅力を知っていただけ
れば幸甚に存じます。

　末筆ではございますが，本展覧会の開催にあたって，本学博物館の活動にご理解・
ご協力を賜りました関係各位に厚く御礼申し上げます。

2021年11月8日

西南学院大学博物館館長

伊 藤 慎 二

目　次

2021年度 西南学院大学博物館特別展 Ⅱ
宣教師とキリシタン—霊性と聖像のかたちを辿って—

「全世界に行って，すべての造られたものに福音を宣べ伝えなさい」（「マルコによる福音書」16：15）。これは復活後に弟子たちの前に現れたイエス・キリストの言葉である。地中海世界で生まれたキリスト教は，古代・中世を通してさまざまな地域へ伝播し，やがて大航海時代を迎えると，ヨーロッパから多くの宣教師たちがアジアを目指して海を渡っていった。

16世紀，カトリック教会による世界宣教の中心に立ったイエズス会は，日本においてもカトリック神学の教育を実践し，その霊性を伝えた。イエズス会の宣教活動において重要な役割を果たしたのがキリストや聖母子の聖像（聖像画）である。禁教下にキリシタンによって継承された聖像は一様ではなく，各地域に固有の信仰のかたちを豊かにうつしだしている。

本展覧会では，ヨーロッパの宣教師によって日本にもたらされたキリスト教の霊性と聖像のかたちを辿り，禁教の時代を経てこの地に息づく日本のキリスト教信仰を見つめる。

"Go ye into all the world, and preach the gospel to every creature" (Mark 16:15). These are the words of Jesus Christ when he appeared before the apostles after his Resurrection. Christianity was born in the Mediterranean World, and was disseminated to various regions throughout antiquity and the Middle Ages. During the Age of Exploration, numerous missionaries crossed the seas from Europe to Asia.

In the 16th century, the Society of Jesus took a leading part in worldwide preaching, and practiced their theological education and transmitted their spirituality in Japan. The factors which played an important role in the Jesuits' missionary activities were the holy images of Christ and the Madonna and Child. *Kirishitans* (Japanese Christians) had secretly transmitted these holy images during the period of the ban on Christianity, but their forms and styles were not uniform. Rather, they reflected the particular faith of each region.

In this exhibition, we trace the forms of Christian spirituality and holy images in Japan derived from European missionaries, to see the faith of Japanese Christians which has been inherited since the time of the ban on Christianity.

主催：西南学院大学博物館

会場：西南学院大学博物館１階常設展示室・特別展示室
　　　西南学院百年館（松緑館）１階企画展示室

会期：2021年11月8日（月）～12月20日（月）

協力：長崎市　日本二十六聖人記念館　外海潜伏キリシタン文化資料館
　　　平戸市生月町博物館・島の館　南島原市有馬キリシタン遺産記念館　上天草市天草四郎ミュージアム
　　　九州大学附属図書館　西南学院大学図書館　西南学院史資料センター

後援：福岡市　福岡市教育委員会　福岡市文化芸術振興財団

【凡例】
◎本図録は，2021年度西南学院大学博物館特別展Ⅱ「宣教師とキリシタン—霊性と聖像のかたちを辿って—」〔会期：2021年11月8日（月）～12月20日（月）〕の開催にあたり，作成したものである。
◎図版番号と展示順は必ずしも対応していない。
◎各資料のデータは，原則として〔年代／製作地／作者／素材・形態・技法／所蔵〕の順に掲載している（不詳の項目は省略）。なお，複製資料については原資料のデータを併記している。
◎本図録の編集は，下園知弥（本学博物館教員），宮川由衣（本学学院史資料センターアーキビスト・学芸員）が行った。編集補助には，山尾彩香（本学博物館学芸研究員），迫田ひなの（同上），勝野みずほ（本学博物館学芸調査員），山本恵梨（同上），相江なぎさ（同上）があたった。
◎各部の構成・解説の担当者は以下の通り。第Ⅰ部：下園知弥，第Ⅱ部：宮川由衣，第Ⅲ部：下園知弥・宮川由衣。なお，第Ⅱ部第2章「かくれキリシタンの聖像」については中園成生氏（平戸市生月町博物館・島の館学芸員）の監修協力を得た。
◎資料解説は下園知弥，宮川由衣，迫田ひなの，内島美奈子（大浦天主堂キリシタン博物館学芸員），島由季（大浦天主堂キリシタン博物館学芸員）が執筆した。
◎本図録に掲載している写真は各所蔵先の許可なく転載・複写することは認めない。

第 I 部

キリスト教の東方伝道

Catholic Mission to the East

　ユダヤ教の文化の中から誕生したキリスト教は，その成立の初めから，全世界への伝道を志向していた。イエス・キリストが弟子たちに伝えた「全世界に行って，すべての造られたものに福音を宣べ伝えなさい」(「マルコによる福音書」16:15) という言葉は，すべての宣教師たちへの普遍的な指針となって，彼らを未知の土地へと駆り立てる霊的な動機となった。西方の教会に属する宣教師たちもまた，ヨーロッパのみならず東方への伝道も試み続けており，その試みは16世紀になって，かつてない大きな実りを得ることとなる。

　　Christianity born of the Jewish culture, was oriented towards worldwide preaching from the start. The words of Jesus Christ to the apostles, "Go ye into all the world, and preach the gospel to every creature" (Mark 16:15), became the universal guideline for all Christian missionaries and the spiritual motivation driving them to go towards unexplored lands. Missionaries of Western churches also continued to attempt Eastern preaching. In the 16th century, this effort reached its unexampled large fruit.

第1章 東方を目指した宣教師たち

　近代以前，西洋の人々は東方について限られた情報しか有しておらず，往来も困難であったため，カトリックの宣教師がアジア諸国への伝道に向かうことは稀であった。しかし大航海時代の到来以後，航路による伝道ルートの開拓という新たな宣教手段を手に入れた宣教師たちは，各々の修道会の霊性に従って，まだ見ぬ東方の地を目指していくこととなる。そうして1549（天文18）年8月15日，すなわち「聖母被昇天の祝日」，東方伝道に従事していたイエズス会士の聖フランシスコ・ザビエルが，宣教師未訪の島国である日本へと到達した。

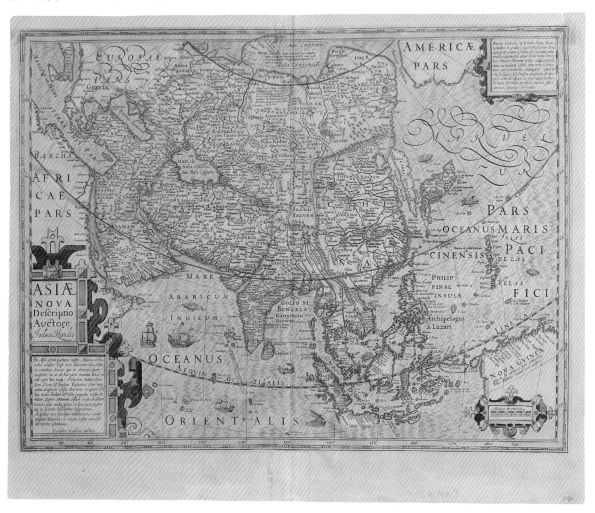

I-1. アジア図

Map of Asia (Asiae Nova Descriptio Auctore Jodoco Hondio)

17世紀前半／アムステルダム（オランダ）／ヨドクス・ホンディウス（父）／紙に銅版，手彩／西南学院大学博物館蔵

オランダの地図製作者ヨドクス・ホンディウス（Jodocus Hondius the Elder, 1563-1612）が1606年に出版した地理学者メルカトルの地図帳『アトラス』（Atlas sive cosmographicae meditationes de fabrica mundi et fabricati figura）は，ヨーロッパだけでなくアフリカや東洋の詳細な地図も掲載されており，東方の情報を熱望していた西洋の知識人たちに大いに歓迎された。『アトラス』はラテン語版のみならずフランス語版も出版されており，1630年までに10の版を重ねるほどの人気ぶりであった。本図は『アトラス』（版は不明）に掲載されていた銅版のアジア図を彩色したものであると考えられる。（下園）

[参考画像] 16世紀当時の世界地図

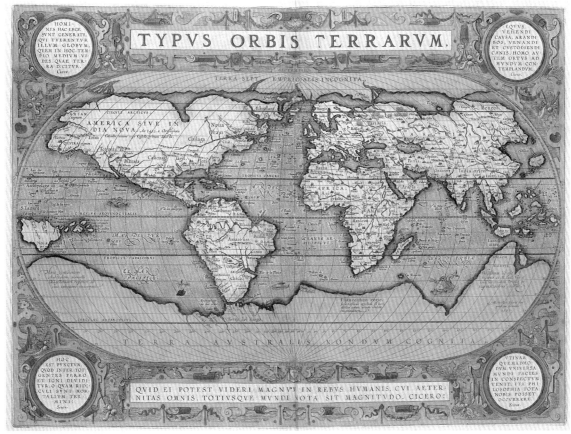

『地球の舞台』より「地球図」
1570年／アントワープ（ベルギー）／アブラハム・オルテリウス／紙に銅版，手彩

© Bridgeman Images

❖ 聖フランシスコ・ザビエル渡航図

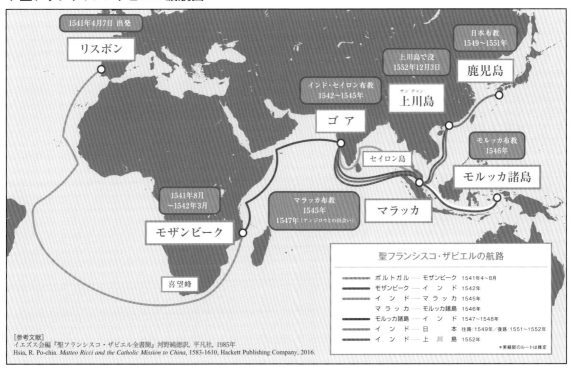

[参考文献]
イエズス会編『聖フランシスコ・ザビエル全書簡』河野純徳訳，平凡社，1985年
Hsia, R. Po-chia. *Matteo Ricci and the Catholic Mission to China, 1583-1610*, Hackett Publishing Company, 2016.

1-2. 『中国図説』より「東アジアの地図を持つイエズス会宣教師たち」

Jesuit Missionaries Holding a Map of East Asia from *China Illustrata*

1667年／アムステルダム(オランダ)／紙に銅版／西南学院大学博物館蔵

イエズス会士アタナシウス・キルヒャー（Atanasius Kircher, 1602-80）が1667年に出版した『中国図説』（通称 *China Illustrata*）の扉部分の断簡。画面上部には聖イグナティウス・デ・ロヨラ（右）と聖フランシコ・ザビエル（左）が，画面下部にはマテオ・リッチ（右）とアダム・シャール（左）が描かれている。リッチとシャールは共に中国伝道の発展に大きく貢献したイエズス会士であり，特にリッチ（Matteo Ricci, 1552-1610）は教義書『天主実義』をはじめとする漢文著作の出版，世界地図や天文機器の製作など，東方の人々が西洋の知識・技術・思想を受容するための重要な土台を築いたことで知られる。（下園）

Crux miraculosa S. Thoma Apostoli
Meliapore in India.

1-3. 『中国図説』より「インドのマイラプールにおける聖トマスの奇跡の十字架」

The Miraculous Cross of St.Thomas the Apostle at Mylapore in India from *China Illustrata*

1667年／アムステルダム（オランダ）／紙に銅版／西南学院大学博物館蔵

キリスト教の歴史において最初にインド伝道を行った人物は，伝承では十二使徒の聖トマスとされている。『中国図説』もまた，かの聖人を東方伝道の先駆者の一人として紹介している。本図は『中国図説』に収録されている銅版画の一つであり，マイラプールの聖母マリア教会に

おいて聖トマスの聖遺物である奇跡の十字架（「血の十字架」ないし「トマス十字架」）を崇敬する二人のインド人（いわゆる「聖トマス・クリスチャン」〔St. Thomas Christians〕か）とイエズス会宣教師の姿が描かれている。

（下園）

国指定重要文化財

複製展示

I-4. 聖フランシスコ・ザビエル像

Portrait of St. Francis Xavier

原資料：江戸時代前期(17世紀前半)／紙本着色
神戸市立博物館蔵
複製：21世紀／日本／複製画／西南学院大学博物館蔵

聖フランシスコ・ザビエル（St. Francis Xavier, 1506-52）は、イエズス会の創立メンバーの一人であり、会の方針に基づいて1540年より海外布教に従事していた。当初はインドのゴアを拠点に宣教活動を行っていたが、マラッカでのアンジロウとの出会いをきっかけに日本伝道を志し、1549（天文18）年8月15日の「聖母被昇天の祝日」に鹿児島への上陸を果たすこととなる。

資料I-4は日本人信徒の手に拠るものと推測されているザビエルの肖像画。画中のザビエルは、イエズス会の伝統に即した祈りの所作をしており、心（心臓）は神への愛に燃え上がり、その口元からは「満たされています、主よ、満たされています」（SATIS EST DÑE SATIS EST）という言葉が発せられている。資料I-5はイエズス会士ジュゼッペ・マッセイ（Giuseppe Massei, 1626-98）が1681年に著したザビエルの伝記 Vita di S. Francesco Saverio の簡略版。銅版画の図版が25葉収録されており、掲載図は東方伝道に赴くザビエルの船出の場面である。(下図)

I-5. 『聖フランシスコ・ザビエル伝』

Compendio della Vita di S. Francesco Saverio della Compagnia di Gesù

1793年／ローマ（イタリア）／ジュゼッペ・マッセイ／書冊，紙に活版・銅版／西南学院大学博物館蔵

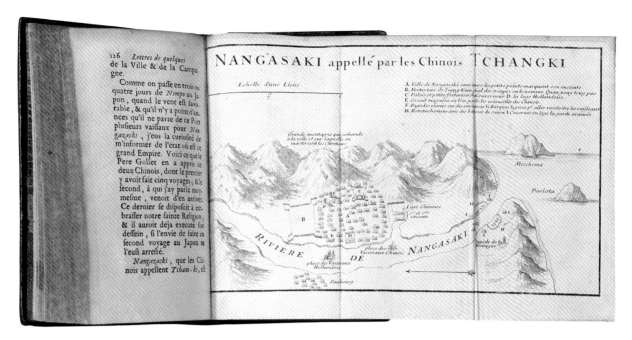

I-6. 『イエズス会宣教師たちによる書簡集』第8集

Lettres Edifiantes et Curieuses, Ecrites des Missions Etrangèrbes, VIII Recueil

1708年／パリ（フランス）／ニコラ・ルクレール／書冊，紙に活版・銅版／個人蔵（上松徹氏寄託）

東方伝道に従事している宣教師たちが本国の修道会へ送った書簡・報告書は，現地を訪れたことのない多くの西洋人にとって，東方の実態を知るための貴重な情報源であった。本書はイエズス会士シャルル・ル・ゴビアン（Charles le Gobien, 1652-1708）が1702年より刊行を開始し，1776年までフランスで出版され続けた，東方伝道に関する全34巻の書簡集である。本巻（第8集）には中国に関連する日本の情報も含まれており，中国との交易の窓口であった長崎の地図が掲載されている。（下囲）

I-7. 『日本教会史』

La Storia della Chiesa del Giappone

1737年／ヴェネツィア（イタリア）／ジャン・クラッセ／書冊，紙に活版・銅版，全4巻／西南学院大学博物館蔵

イエズス会士ジャン・クラッセ（Jean Crasset, 1618-92）が1689年に刊行した『日本教会史』（*Histoire de l'eglise du Japon*）のイタリア語版。内容はザビエルの来日から島原・天草の乱以後，布教活動が途絶えるまでの記録となっている。本書の記述はイエズス会士の歴史家フランソワ・ソリエー（François Solier, 1558-1628）の『日本の島々と王国における教会史』（*Histoire ecclésiastique des îles et royaume du Japon*）に依拠しつつ，イエズス会士の書簡・報告書，モンタヌスの著作などの情報も参照されている。（下囲）

大航海時代の到来後，時流に乗って最も大きな実りを得たのはカトリックのイエズス会であった。イエズス会の東方伝道は，インドをはじめとして，東アジア諸国へと急速に伸長してゆき，瞬く間に巨大な圏域を形成した。成果の華々しさ，あるいは日本との密接な結びつきゆえに，我が国においてアジアに渡ってきた教派・修道会として真っ先にイメージされるのは，おそらくこのイエズス会であろう。しかし，イエズス会は1540年に教皇認可されたばかりの新興修道会であり，イエズス会が存在する以前から西洋には数多くの教派・修道会が存立していて，東方伝道を企図した者たちも少なくなかった。本コラムでは，イエズス会に先立って東方伝道，とりわけインド以東のアジア伝道を志した教派・修道会について，少しく紹介したい。

キリスト教の東方伝道は，伝承によれば，使徒聖トマスのインド伝道にまで溯るとされている（本図録9頁参照）。ただし，使徒聖トマス自身がインド伝道を行ったことを実証する史料は確認されておらず，後の時代に記された記録・伝承が遺されているに留まる。「聖トマス・クリスチャン」と呼ばれるシリア教会に属するインドのキリスト教徒たちについても，その正確な起源は定かではない。

次いで注目すべきは，ネストリウス派であろう。この教派は，コンスタンティノープルの総主教ネストリウス（Nestrius, c.386－c.450）に起源をもち，431年のエフェソス公会議で異端とされたキリスト教の一教派である。キリスト教世界から追放されたネストリウス派が東方へ向かい，やがて中国に辿り着いて，唐代における三夷教（景教〔キリスト教ネストリウス派〕，祆教〔ゾロアスター教〕，摩尼教〔マニ教〕）の一つとして栄えたことはよく知られている。781（建中2）年に長安の大秦寺に建てられた「大秦景教流行中国碑」は，唐代にネストリウス派が中国へ到達していたことを実証する史料である。ネストリウス派はその後，武宗期に行われた仏教弾圧（会昌の廃仏）をきっかけに衰退するも，元代に一時復興している。

最後に，フランチェスコ会についても言及したい。アッシジのフランチェスコ（Franciscus Assisiensis, 1182－1226）を創立者とするこの修道会は，ドミニコ会と並んで13世紀初頭に設立された托鉢修道会であり，西欧においても極めて大きな存在感を示していたが，東方伝道にも多くの修道士を送り出していた。同会からは，1246年にプラノ・カルピニが元のカラコルムに，1294年にモンテコルヴィーノのジョヴァンニが中国の北京に，それぞれ到達している。モンテコルヴィーノは北京に最初のカトリック教会を建てた宣教師であり，彼以後，しばらくはモンゴル帝国の統治下でフランチェスコ会は中国伝道を継続していた。しかし，モンゴル帝国の情勢不安等のゆえに宣教師は派遣されなくなり，14世紀半ばまでには西欧のカトリック司祭は実質的にいなくなっていたと考えられている。

西南学院大学博物館の所蔵資料の一つに「景教僧文青磁壺」というものがある（図1）。側面に聖職者と思しき人物像が貼り付けられたこの青磁壺は，髙倉洋彰氏によれば，「景教僧の衣服を知ることのできる，唯一の貴重な価値をもつ資料」（『行動する考古学』中国書店，2014年，278頁）である。さらに氏は，側面の人物像の僧服について「フランチェスコ会の僧服に通じるものがある」（同書，278頁）とも分析している。氏の指摘は本資料の歴史的価値の高さを明快に示しているが，氏が「唯一の」と言っているように，比較考察を行うための類例が発見されていないため，氏の分析・考察を他の資料によって裏付けることは難しいのが現状である。

したがって，この資料が本当に景教に由来するものなのか，それとも他の教派・教会に由来するものなのか，確定するためには諸教会における服飾史研究など更なる調査研究が必要とされる。そしてこのような調査研究の積み重ねこそが，未だ不明な点が数多く残されている東方伝道の先駆者たちの実相を明らかにするためには不可欠なのである。

図1
景教僧文青磁壺
13世紀／中国／青磁／
西南学院大学博物館蔵

The Society of Jesus: Its Spirituality and Education

第2章　イエズス会 その霊性と教育

　ヨーロッパにおいて宗教改革とカトリック改革の嵐が巻き起こっている最中，1534年8月15日の「聖母被昇天の祝日」に聖イグナティウス・デ・ロヨラらによって創設されたイエズス会は，その霊性を信奉する多くの信徒たちに支えられて急速に成長し，1540年に修道会の教皇認可を得るに至った。カトリック改革の一翼を担うイエズス会の宣教方針は，創設当初から一貫して，信徒の霊的な訓練と高度な学問教育にあった。いわば，「霊性」と「教育」こそがイエズス会宣教の中核であった。その宣教方針は東方伝道に際しても堅持されており，現地信徒を体系的に教育するための施設が東方各地に建設されていった。

[挿絵解説] 掲載箇所は「霊的な愛に達するための観想」。左の図版には三位一体の神に自らの心臓（神への愛に燃え立つ心）を捧げる信徒の姿が描かれている。三位一体の神の周囲には愛の天使であるところの熾天使（セラフィム）が舞っており，信徒の周囲には信仰の障害物と思しきものが見える。また，図の下には「誰が，私たちを引き離すことができましょう」(Quis nos separabit) という「ローマの信徒への手紙」8:35の聖句が記されている。この聖句は「神の愛」に関する箇所であり，図とテクストが一体となって愛についての教えを示している。

I-8. 『霊操』

Exercitia Spiritualia

1689年／アントワープ（ベルギー）／イグナティウス・デ・ロヨラ／書冊，紙に活版・銅版／西南学院大学博物館蔵

聖イグナティウス・デ・ロヨラ（St. Ignatius de Loyola, 1491-1556）が自らの体験を通して確立した主著『霊操』（*Exercitia Spiritualia*）は，その書名が示しているように「霊的な（Spiritualia）訓練（Exercitia）」を主題としており，イエズス会の霊性教育に必須の手引書とされている。そのため，『霊操』はイエズス会が宣教した各国の言語で翻訳・出版されており，日本においても『スピリツアル修行』として1607（慶長12）年に長崎のコレジヨで印刷されている。本資料は1689年にアントワープで出版された挿絵付きのラテン語版である。（下園）

▷ロヨラとイエズス会の創設

　イエズス会の創設者・初代総長である聖イグナティウス・デ・ロヨラは，1491年，イスパニア（スペイン）領バスク地方の名門貴族ロヨラ家の末子として生まれた。幼少期から貴族生活を送ってきたロヨラは，青年時代には貴婦人への愛と武勲を熱望するようになるが，30歳の時にパンプローナの戦いで重傷を負ってしまう。この時の負傷により元来の夢を果たせなくなるも，霊的読書によって次第に霊性へと目が開かれるようになっていく。31歳の時にマンレサで体験した霊的修行の記録は，のちに『霊操』としてまとめられ，イエズス会霊性の絶対的な手引書となった。イエズス会の結成は一般に1534年とされているが，この年はロヨラと6人の同士（フランシスコ・ザビエル，ピエール・ファーヴル，ディエゴ・ライネス，アルフォンソ・サルメロン，ニコラス・ボバディリャ，シモン・ロドリゲス）がモンマルトルで清貧・貞潔および聖地巡礼の誓いを立てた年である。ロヨラの悲願は同士たちとの聖地エルサレムでの奉仕であったが，それが困難な場合には，「キリストの代理者である教皇に謁見し，より大いなる神の栄光と霊魂の利益のために役立つと思われるところへ，彼らをつかわしてくださるよう要請すること」（ロヨラ自叙伝85）も誓願の内容に含まれていた。そして1538年，時の教皇パウルス3世への謁見を果たした彼らは，イタリアに根を下ろした宣教活動を命じられ，こうしてローマに本部を置くイエズス会という修道会組織が準備されることとなった。

❖ イエズス会草創期 略年譜

西暦	出来事・宣教師たちの事蹟
1491年	（おそらく10月23日）イグナティウス・デ・ロヨラ，イスパニア（スペイン）領バスク地方の名門貴族ロヨラ家の末子として生まれる。
1506年	4月7日，フランシスコ・ザビエル，イベリア半島にあるナバラ王国のザビエル城で生まれる。
1521年	ロヨラ，パンプローナの戦いで重傷を負う。療養中に『聖人の華』と『キリストの生涯』を読む。
1522年	ロヨラ，マンレサで霊的修行に専念，その間の生活体験をノートにまとめる。これが後に『霊操』となる。
1523年	ロヨラ，聖地巡礼の旅に出る。翌年に西欧へ戻る。
1525年	ザビエル，パリ大学の聖バルバラ学院入学。
1528年	ロヨラ，複数の大学での勉学の後，パリ大学に入学。
1530年	ザビエル，哲学教授の資格を取得。同年10月1日より3年半アリストテレス論を講義。
1533年	ザビエルの大回心。ロヨラの同志となる。
1534年	8月15日（聖母被昇天の祝日），パリ・モンマルトルの丘でロヨラと同志一同が誓願を立てる（モンマルトルの誓い）。＊一般に，この年がイエズス会設立年とされている。
1537年	ロヨラ，ザビエルらと共に司祭に叙階される。
1538年	ロヨラら，教皇パウルス3世に謁見し，献身を申し出る。
1540年	教皇パウルス3世によりイエズス会公認。同年，ザビエルはローマを発ってインド宣教へ。
1544年	ロヨラ，『イエズス会会憲』の起草に着手。晩年まで執筆・推敲を続ける。
1545年	トリエント公会議開催（中断を挟み，1563年閉会）。ヘロニモ・ナダル，イエズス会入会。
1547年	ザビエル，マラッカの「丘の聖母教会」で日本人アンジロウと出会う。
1549年	4月15日，ザビエル，トルレス神父ら7人を伴いゴアから日本に向けて出発。同年8月15日（聖母被昇天の祝日），鹿児島に上陸。
1552年	12月3日，中国の上川島にてザビエル永眠。享年46歳。
1556年	7月31日，ローマにてロヨラ永眠。享年65歳。

【参考文献】イエズス会編『聖フランシスコ・ザビエル全書簡』河野純徳訳，平凡社，1985年
フランシス・トムソン『イグナチオとイエズス会』中野記偉訳，講談社学術文庫，1990年
イエズス会編『聖イグナチオ・デ・ロヨラ書簡集』平凡社，1992年

I-9. 『キリストに<ruby>倣<rt>なら</rt></ruby>いて』

De Imitatione Christi

1649年／ブリュッセル（ベルギー）／伝ジョヴァンニ・ジェルセン
書冊，紙に活版・銅版／西南学院大学博物館蔵

15世紀前半頃に著された『キリストに倣いて』は，中世後期以来，優れた霊的生活の指導書としての評価を確立しており，ロヨラもまた，この書を愛読書にしていた。著者は不詳だが，伝統的にはオランダの神秘家トマス・ア・ケンピス，フランスの神学者ジャン・ジェルソン，イタリアのベネディクト会士ジョヴァンニ・ジェルセン（架空の人物か）といった思想家たちの著作と見做されており，本資料の印刷者は著者としてジェルセンの名を記している。なお，『キリストに倣いて』は『こんてむつすむん地』という題でキリシタン時代に天草のコレジョで印刷されており，キリシタンたちにもその内容が伝えられている。（下圏）

I-10. 『キリストの生涯』

Vita Christi

1499年／ズヴォレ（オランダ）／ザクセンのルドルフ
紙に活版・木版，手彩／個人蔵

青年時代のロヨラが霊的生活に関心を持つきっかけとなった書物の一つが，カルトゥジオ会の修道士ザクセンのルドルフ（Ludolphus de Saxonia, c. 1295-1378）の主著『キリストの生涯』（*Vita Christi*）である。パンプローナの戦いで重度の負傷を受けたロヨラは，療養中に『キリストの生涯』と『聖人の華』（*Flos Sanctorum*）という2冊の宗教書を与えられ，それらの読書を通じて諸聖人の道へのまねびを決意したと言われている。本資料は1499年に出版されたオランダ語版の断片であり，木版の挿絵にはイエスの足を自らの髪でぬぐうベタニアのマリア（「ヨハネによる福音書」12:1-8）が描かれている。（下圏）

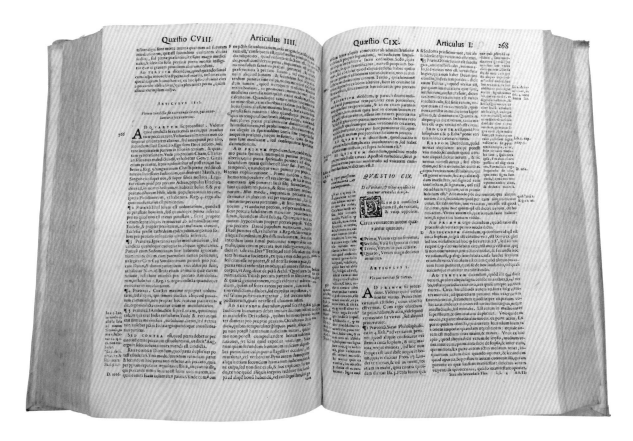

I-11. 『神学大全』第2-2部

Secvnda Secvndæ Summae Theologiæ

1580年／ヴェネツィア（イタリア）／トマス・アクィナス／書冊／九州大学附属図書館中央図書館蔵

ロヨラやザビエルらイエズス会の創設者たちは，単に霊性に優れていただけではなく，大学で高度な学問教育を受けた知的エリートでもあった。当時の大学でとりわけ大きな影響力を持っていたのはアリストテレス哲学と聖トマス・アクィナス（St. Thomas Aquinas, c. 1225–74）の神学であり，ロヨラらもそれらの学知を修得していた。このような創設者たちの知的背景は，ロヨラ自身が起草・改訂した『イエズス会会憲』（*Constitutiones Societatis*

Iesu）や，ロヨラの死後にまとめられた『イエズス会学事規定』（資料 I-13）の内容にも色濃く反映されており，イエズス会教育の特色の一つとなっている。本資料は九州大学附属図書館が所蔵しているトマス・アクィナス研究コレクション（トマス文庫）の内の一冊であり，全3部から成る『神学大全』（*Summa Theologiae*）の第2-2部（第2部後半）である。（下園）

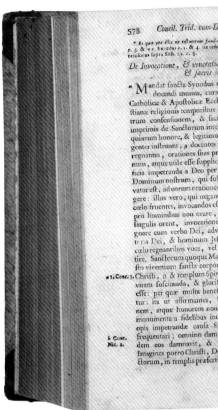

I-12. 『トリエント公会議録』

Sacrosanctum Concilium Tridentinum

1781年／アウクスブルク（ドイツ）／マテウス・リーゲル／書冊／個人蔵

1545年に開催され，中断を挟みつつも1563年に閉会した トリエント公会議は，近代カトリックの在り方を規定し た最も重要な公会議の一つとされている。イエズス会も また，トリエント公会議によって定められた諸々の教令 に即して宣教活動に従事していた。たとえば，イエズス 会宣教師は東方伝道に際してヨーロッパで制作された聖 像を持参しており，聖像を用いた信心をキリシタンたち にも伝えているが（第Ⅱ部参照），この種の崇敬の伝統 はトリエント公会議の教令によって明確に規定されたカ トリックの信仰内容である。（下図）

聖像についての教令

「キリスト，聖母，諸聖人の聖像を教会堂内に置き，それにふさわしい崇敬（veneratio）をささげる べきである。しかし，聖像の中に神性または神の能力があるかのようであってはならない。過去の異 邦人が偶像から期待したように，その聖像から何かを求めたり，それに信頼したりしてはならない。 聖像に対する敬い（honos）は，それによって表された原型に向けられるものであり，聖像に接吻し， その前で帽子を脱ぎ，ひざをつくのは，それを通してキリストを礼拝（adoratio）するのであり，キリ ストに倣った聖人たちを崇敬（veneratio）するのである。このことは，聖像破壊論者に対するこれま での公会議，特に第2ニカイア公会議の教令によって教えられたことである。」

（トリエント公会議第25総会「聖人の執り成しと崇敬，聖遺物，聖像についての教令」より抜粋）

＊訳文はH・デンツィンガー編，A・シェーンメッツァー増補改訂『カトリック教会文書資料集　信経および信仰と道徳に関する 定義集』A・ジンマーマン監修，浜寛五郎訳，エンデルレ書店，1974年〔1992年改訂4版〕，文書1823（986）を参照，一部私訳。

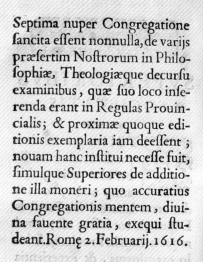

Septima nuper Congregatione
sancita essent nonnulla, de varijs
præsertim Nostrorum in Philo-
sophiæ, Theologiæque decursu
examinibus, quæ suo loco inse-
renda erant in Regulas Prouin-
cialis; & proximæ quoque edi-
tionis exemplaria iam deessent ;
nouam hanc institui necesse fuit,
simulque Superiores de additio-
ne illa moneri ; quo accuratius
Congregationis mentem, diui-
na fauente gratia, exequi stu-
deant. Romę 2. Februarij. 1616.

Bernardus de Angelis Secre-
tarius Societatis Iesu.

RA-

RATIO,
ATQVE INSTITVTIO
STVDIORVM
SOCIETATIS IESV.

REGVLAE
PROVINCIALIS.

1 CVM ex primarijs Societatis   Finis stu-
Nostræ ministerijs vnum sit,   diorum So-
omnes disciplinas Instituto   cietatis.
nostro congruentes ita proxi-
mis tradere, vt inde ad Con-
ditoris, ac Redemptoris no-
stri cognitionem, atque amorem excitentur :   p. 4. procem.
omni studio curandum sibi putet Præpositus   & c. 11. §. 1.
Prouincialis, vt tam multiplici scholarum no-   p. 10. §. 3.
strarum labori fructus, quem gratia nostræ vo-
cationis

A 3   cationis

I-13. 『イエズス会学事規定』

Ratio, Atqve Institvtio Stvdiorvm Societatis Iesv

1616年／ローマ（イタリア）／イエズス会／書冊，紙に活版・木版／西南学院大学博物館蔵

『イエズス会学事規定』（通称 *Ratio Studiorum*）は，イエズス会が同会の学院（コレギウム）に統一的に適用すべく1599年に制定公布した規定集である。その内容は多岐に渡り，学習の目的から諸研究会の規則に至るまで事細かに記されている。イエズス会の一般的な教育方針は，『イエズス会会憲』第4部と本規定集に基づいているが，東方伝道においては，適応主義の観点から，現地信徒の実情に合わせた教育が試みられるケースもあった。たとえば，『イエズス会会憲』と『イエズス会学事規定』では古典の学習としてギリシア語とラテン語が必修とされているが，東インド管区巡察使アレッサンドロ・ヴァリニャーノ（Alessandro Valignano, 1539-1606）が1580（天正8）年に執筆した『日本のセミナリヨ規則』では，ギリシア語およびギリシア古典が排されており，代わりに日本の古典文学を学ぶよう定められている。このように，会としての普遍性と被教育者の実情に応じた多様性が両立している点も，イエズス会教育の特色の一つと言えるだろう。

（下園）

イエズス会学院(コレギウム)の教育方針
—『イエズス会学事規定』より，「書物」と「読書」について—

「いかなる書物を誰に配布すべきか」（「学習監に関する規則」第30条）

　学習監は，神学課程および哲学課程の学生に対しどのような書物でも認めてよいというわけではなく，学院長承知のうえで，教師たちの助言に基づき，ある一定の書物を許し与えねばならない。すなわち，神学課程生には**聖トマスの『神学大全』**，哲学課程生には**アリストテレス**［の書物を与えるが，それら］に加えて，学生たちが私的な学習に際して参照することができる何らかの注釈書を選んで与えるものとする。［また，］全ての神学課程生は『**トリエント公会議録**』と『**聖書**』を一巻持ち，それらを読み親しまねばならない。また，彼らが教父のうちの誰か［の著作］をも持つべきかどうかについて，学習監は学院長とともに熟慮しなければならない。さらに，学習監は，神学課程と哲学課程の学生全員に，人文学の学習に関わる何らかの書物を一冊ずつ配布し，彼らが所定の適切な時機にそれらを読むことを疎かにしないよう，忠告しなければならない。

「霊的な読書」（「下級諸クラスの教師のための共通規則」第8条）

　教師は，霊的な読書，とりわけ**聖人たちの生涯**を読むことを強く［生徒たちに］勧めなければならない。また逆に，不純であり，総じて何か良俗を損なうおそれのあるものを含んでいる作家たちのことを，教師は単に自分自身が若者に講述するのを慎まねばならないだけでなく，たとえ学外であれ，このような作家を読むということに対して，できるだけ生徒たちに嫌悪の念をもたせねばならない。

「不道徳な書物を禁ずべきこと」（「管区長に関する規則」第34条）

　徳義ないし善き品行にとって有害であり得る詩人たちの書物，またはいかなる種類の書物も，**不道徳な事柄と言葉**［＝内容と表現］があらかじめ除去されない限りは，われわれ［イエズス会］の学級では**完全に禁じられねばならない**こと，このことを，管区長は最重要事と見なしたうえ，万全の注意を払って警戒すべきである。あるいは，例えばテレンティウスのごとく，［その種の内容・表現が］全面的には除去され得ない場合，そうした書物は，［そこに含まれる］事柄の性質が心の純潔を侵すことのないように，むしろ読まれてはならない。

【参考文献】
　L．ルカチ編，坂本雅彦訳『「イエズス会学事規程」1599年版』上・下，『「比較文化」研究シリーズ』No. 5 −6，長崎純心大学比較文化研究所，2005年

1591年版

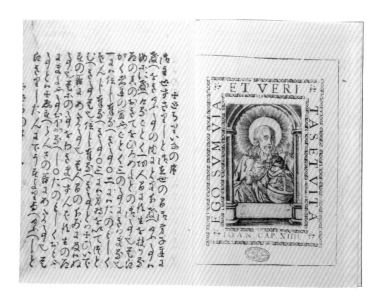

1600年版

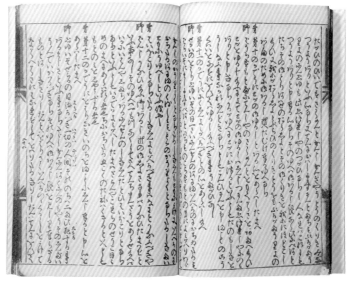

I-14. 『どちりな・きりしたん』(復刻)

Dochirina Kirishitan (Doctrina Christam Published in Japan) (reprint)

(上)原本：1591(天正19)年／加津佐もしくは天草／イエズス会／和装本, 紙に活版／ヴァチカン教皇庁図書館蔵
　　復刻：1978(昭和53)年／日本／雄松堂書店／和装本／西南学院大学図書館蔵
(下)原本：1600(慶長5)年／長崎／イエズス会／和装本, 紙に活版／カサナテンセ図書館蔵
　　復刻：1978(昭和53)年／日本／雄松堂書店／和装本／西南学院大学図書館蔵

1579(天正7)年に来日したヴァリニャーノは, ヨーロッパにおけるキリスト教的人文主義教育を日本に導入すべく, 翌年以降セミナリヨ(小神学校), コレジヨ(大神学校), ノヴィシアード(修練院)を次々と日本国内に開校し, 信徒教育の基盤を築いていった。ヴァリニャーノの教育思想は, 現地の文化に適応した教育の実践であり, 現地の教会を支える現地人司祭の育成を目指すものであった。このような教育思想の下, 信徒教育のための書物の普及を企図していたヴァリニャーノは, 天正遣欧少年使節がヨーロッパから持ち帰った活版印刷機によ

る印刷事業を推進し, 「キリシタン版」と呼ばれる多くの印刷本が日本国内で出版されることとなった。
本資料はキリスト教の教義について師弟問答の形式で解説した『どちり(い)なきりしたん』(ポルトガル語で「キリスト教の教義」の意)と呼ばれるキリシタン版である。上図は1591(天正19)年に加津佐もしくは天草のコレジヨにて印刷された国字本であり, 下図は1600(慶長5)年に長崎の後藤登明宗印活版所にて印刷された国字本である。1591年版の扉には《救世主像》(資料Ⅱ-6)と同構図の銅版画が印刷されている。 (下薗)

上巻

下巻

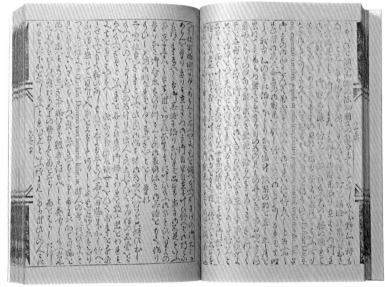

I-15. 『ぎや・ど・ぺかどる』(復刻)

Gvia Do Pecador (reprint)

(上)上巻原本：1599(慶長4)年／長崎／イエズス会，ルイス・デ・グラナダ原著／和装本，紙に活版／天理大学図書館蔵
　　上巻復刻：2006(平成18)年／日本／雄松堂出版／和装本／西南学院大学図書館蔵
(下)下巻原本：1599(慶長4)年／長崎／イエズス会，ルイス・デ・グラナダ原著／洋装本，紙に活版／イエズス会日本管区蔵
　　下巻復刻：2006(平成18)年／日本／雄松堂出版／書冊／西南学院大学図書館蔵

本資料の原著者ルイス・デ・グラナダ (Luis de Granada, 1504-88) は，16世紀スペインでドミニコ会の説教師として活動していた神秘思想家である。修徳思想 (Ascetismo) に関する著作を複数著しており，『ぎや・ど・ぺかどる』(*Guia do pecador*) もまた，徳に関する問題を扱った教理書である。キリシタン版の上巻扉には「罪人を善に導くの儀也」と記されており，本書の内容が端的に示されている。なお，キリシタン版として翻訳・出版されたルイスの著書は，本書のほかに『ヒイデスの導師』(1592〔天正20〕年，天草) や『ヒデスの経』(1611〔慶長16〕年，長崎) がある。(下園)

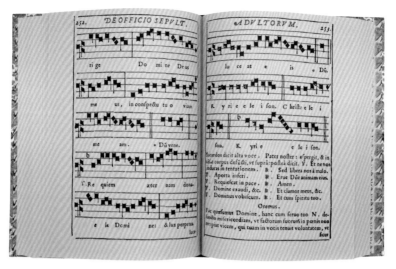

I-16. 『サカラメンタ提要』(復刻)

Manvale ad Sacramenta Ecclesiae Ministranda (reprint)

原本：1605（慶長10）年／長崎／イエズス会，ルイス・デ・セルケイラ編／洋装本，紙に活版，二色刷／上智大学キリシタン文庫蔵
復刻：2006（平成18）年／日本／雄松堂出版／書冊／西南学院大学図書館蔵

日本の司祭のためにまとめられたキリシタン版のラテン語典礼書。印刷地は長崎のコレジョ。日本における最初の二色刷版であり，また現存が確認されている唯一の楽譜付き典礼書でもある。「サカラメンタ」は秘蹟（sacramenta）を意味するラテン語であり，本書には司祭が秘蹟を執行するために必要な内容が収録されている。編者のルイス・デ・セルケイラ（Luis de Cerqueira, 1552–1614）は，ヴェリニャーノらに同行して来日したポルトガル人のイエズス会士であり，日本司教を務めた宣教師である。（下園）

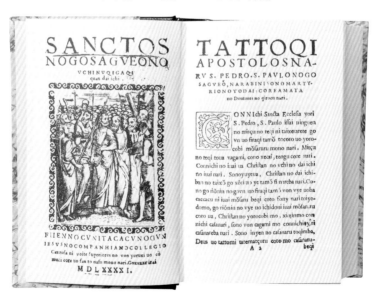

I-17. 『サントスのご作業の内抜書』(復刻)

Santos No Gosagveono Vchi Nvqigaqi (Lives of the Christian Saints Published in Japan) (reprint)

原本：1591（天正19）年／加津佐／イエズス会／洋装本／マルチャーナ国立図書館蔵
復刻：2006（平成18）年／日本／雄松堂出版／書冊／西南学院大学図書館蔵

諸聖人（ポルトガル語で santos）の事績を記した聖人伝の一種。加津佐のコレジョで印刷されたローマ字本であり，現存する最古のキリシタン版とされている。ロヨラが『聖人の華』という聖人伝に大きな影響を受けたように，当時ヨーロッパでは信徒の模範たる聖人への崇敬が盛んであった。本書はこの聖人崇敬の伝統が宣教師を通じて日本にも伝播していたことを実証する史料の一つである。（下園）

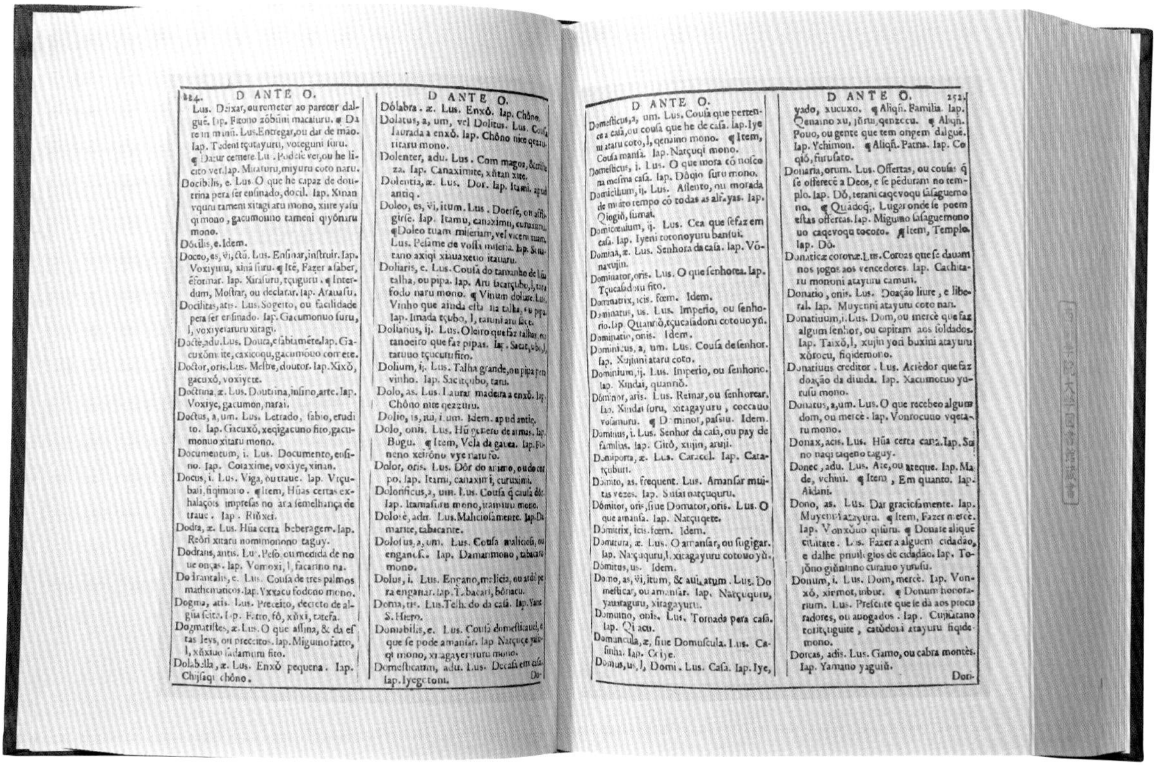

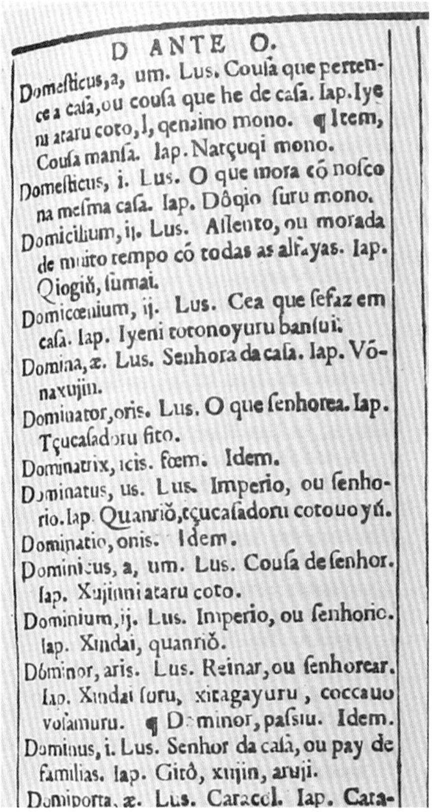
D ANTE O.
Domesticus,a, um. Lus. Cousa que pertence a casa,ou cousa que he de casa. Iap. Iye ni ataru coto,l, qenzino mono. ¶Item, Cousa mansa. Iap. Narçuqi mono.
Domesticus, i. Lus. O que mora cõ nosco na mesma casa. Iap. Dôqio suru mono.
Domicilium, ij. Lus. Assento, ou morada de muito tempo cõ todas as alfayas. Iap. Qiogiŏ, sumai.
Domicœnium, ij. Lus. Cea que sefaz em casa. Iap. Iyeni cotonoyuru bansui.
Domina, æ. Lus. Senhora da casa. Iap. Vônaxujin.
Dominator, oris. Lus. O que senhorea. Iap. Tçucasadoru fito.
Dominatrix, icis. fœm. Idem.
Dominatus, us. Lus. Imperio, ou senhorio. Iap. Quanriŏ, tçucasadoru cotouo yŭ.
Dominatio, onis. Idem.
Dominicus, a, um. Lus. Cousa de senhor. Iap. Xujinni ataru coto.
Dominium, ij. Lus. Imperio, ou senhorio. Iap. Xindai, quanriŏ.
Dóminor, aris. Lus. Reinar, ou senhorear. Iap. Xindai suru, xitagayuru, coccauo vosamuru. ¶ Dominor, passiu. Idem.
Dominus, i. Lus. Senhor da casa, ou pay de familias. Iap. Girô, xujin, aruji.
Domiporta, æ. Lus. Caracol. Iap. Cara-

部分拡大図

I-18. 『羅葡日対訳辞書』(復刻)

Dictionarivm Latino Lvsitanicvm, ac Iaponicvm (reprint)

原本：1595(文禄４)年／天草／イエズス会／洋装本
　オクスフォード大学ボドレアン図書館蔵
復刻：1979(昭和54)年／日本／勉誠社／書冊／西南学院大学図書館蔵

天草のコレジヨで印刷されたキリシタン版の一冊。ラテン語の見出しにポルトガル語・日本語の対訳がローマ字で記載されている。宣教師の日本語学習と日本人信徒のラテン語学習の双方に役立てることを企図してヴァリニャーノが編纂を指示した書物であり，底本にはアンブロージョ・カレピーノ（Ambrogio Calepino, 1435-1511）が著したラテン語辞書（通称 *Calepinus*）が使用されている。のちにパリ外国宣教会のベルナール・プティジャン（Bernard Thadée Petitjean, 1829-84）がマニラで発見し，再布教期に出版した『羅日辞書』（資料Ⅲ-７）の底本となった。本資料は現存する７冊の内，オクスフォード大学ボドレアン図書館所蔵本を複製したものである。(下園)

イエズス会による南島原における布教，教育活動

南島原市教育委員会世界遺産推進室 学芸員 中山和子

長崎県南島原市は「長崎と天草地方の潜伏キリシタン関連遺産」の構成資産の一つである世界文化遺産・原城跡がある。寛永14 (1637) 年，松倉氏の圧政や飢饉をきっかけに天草と島原半島の領民が蜂起し島原・天草一揆が起こった。原城跡は天草四郎を総大将に一揆勢が籠城した城として有名である。

島原・天草一揆からさかのぼること約70年以上前，有馬領内では南蛮貿易が始まり，イエズス会の教育機関であるセミナリヨやコレジヨが設置され，西洋文化が盛んに日本へもたらされた時期があった。本市には「長崎と天草地方のキリスト教関連歴史文化遺産群」として「有馬のセミナリヨ跡推定地」(写真1) がある。「長崎と天草地方のキリスト教関連歴史文化遺産群」とは，キリスト教が日本においてどのように伝わり，広まって根付いていったのかというプロセスを示す貴重な文化財のことである。また，「長崎と天草地方の潜伏キリシタン関連遺産」の構成資産とも関連が強いものである。

本コラムでは，南島原市に遺るキリスト教に関連する史跡等を紹介しつつ，イエズス会による南島原市における布教，教育活動を取り上げたい。

イエズス会による教育が日本で行われたのは天正8 (1580) 年～慶長19 (1614) 年である。それ以前に本市口之津町では布教活動が行われていた。口之津町には昭和16 (1941) 年に長崎県指定史跡として登録された「南蛮船来航の地」(写真2) がある。永禄10 (1567) 年以降ポルトガル船が何度も来航している。

中世以降，口之津港は日野江城主・有馬義貞によってポルトガル船の寄港地として許可され，南蛮貿易が行われた。有馬義貞はトルレス神父に宣教師派遣を要請し，ルイス・デ・アルメイダが派遣され，口之津での布教の許可を与えた。口之津は日本におけるキリスト教布教の拠点地として栄えたのである。永禄6 (1563) 年にはアルメイダが教会を開き，翌年に宣教活動の中心人物であったトルレス神父が赴任した。トルレス神父が居住するようになった口之津では，子どもたちに対して，徹底した教理教育，聖歌や祈禱文を歌うことを教えていた。フロイスによれば，子どもたちはラテン語で大変よく発音をしていたと称賛している (1564年10月15日付，平戸発信書翰)。また，ジョヴァンニ・モンテ神父も子どもたちが上手に整然と (聖歌や祈禱文を) 歌い，ラテン語を立派に発音する様子を見た (1566年11月7日付，口之津発信書翰) とある。

天正8 (1580) 年には日野江城下に有馬セミナリヨが創建された。有馬セミナリヨの設立者は巡察師アレッサンドロ・ヴァリニャーノである。天正7 (1579) 年に口之津港へ入港したことが初の日本訪問であった。ヴァリニャーノは宣教師を集め，口之津会議 (全国宣教師会議) を開き，セミナリヨとコレジヨの設置を決定した。有馬セミナリヨが置かれたのは1580〜87年，1601〜12年の二つの期間であり，日本におけるセミナリヨの歴史のうち20年間を占める。他にも本市では八良尾，加津佐，有家にセミナリヨが設置された時期があった。

セミナリヨはイエズス会の教育機関であり，聖職者の養成を目的とし，下地区の有馬 (現南島原市) と都地区の安土に設置された。修道者を養成する基本的な学習をはじめ，ラテン語・日本文学・音楽が重要視された。ローマ教皇に謁見した日本最初のヨーロッパ使節団「天正遣欧使節」は有馬セミナリヨの第1期生である。

また本市では復刻ではあるが，銅版画「セビリアの聖母」(資料番号Ⅱ-5) を所蔵している。これは有家セミナリヨで日本人画学生によって制作された銅版画である。有家セミナリヨは文禄4 (1595) 年から2年間設置された。文禄5 (1596) 年に来日した日本司教マルティンスは印刷所と画学舎を視察した際，日本人の銅版画の出来栄えを称賛したという。日本人画学生の技術の高さを示している。

以上，南島原市とイエズス会の日本における布教，教育活動について取り上げた。本市は島原・天草一揆というキリスト教史における世界的大事件の舞台になったが，一方で，南蛮貿易により西洋文化が盛んに取り入れられ，宣教師によるセミナリヨ設立により西洋の教育制度が導入された地域であることを知ってもらいたい。

【参考文献】
片岡弥吉『日本キリシタン殉教史』時事通信社，1979年／北有馬町『「有馬のセミナリヨ」関係資料集』北有馬町，2005年／五野井隆史『キリシタンの文化』吉川弘文館，2012年

写真1 有馬のセミナリヨ跡推定地　　写真2 南蛮船来航の地

第 **II** 部

聖像の伝来と変容

Arrival and Transformation of Holy Images

16世紀，ヨーロッパの一部の地域では宗教改革の影響のもと，聖像の撤去や破壊運動が起こっていた。これに対し，カトリック教会は1563年にトリエント公会議において聖像の崇敬を積極的に認める教令を出し，布教において聖像を積極的に活用した。日本にも多くの聖像がもたらされ，日本人の画家により聖像が制作されるようになったが，禁教下にその多くは失われた。

In the 16th century, Iconoclasm gained prominence in parts of Europe through the influence of the Reformation. Against this movement, the Catholic Church issued a decree on the veneration of holy images, and then actively promoted it. Therefore, a number of holy images were transmitted to Japan and replicated by Japanese painters. Their productions were however mostly lost during the period of the ban on Christianity.

第1章 東方伝道と聖像の伝播

　イエズス会の世界宣教において重要な役割を担ったのが聖像（聖像画）である。日本でも，ヨーロッパから伝来した版画などをもとに宣教師の指導のもと聖像が制作されるようになる。これらの聖像は，国内外のイエズス会の布教地に配布された。しかし，禁教に伴い，その制作は途絶え，聖像の多くは失われた。1708（宝永5）年，イタリア人宣教師シドティは聖母像を携えて禁教下の日本への潜入を試みたが，キリシタンの手にわたることなく没収された。

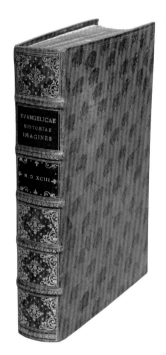 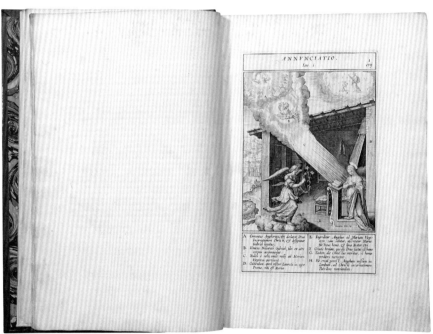

II-1. ヘロニモ・ナダル『福音書についての註解と瞑想』

Adnotationes et Meditationes in Evangelia

1595年／アントワープ（ベルギー）／ヘロニモ・ナダル／ヒエロニムス・ヴィーリクスほか刻／紙に銅版／西南学院大学博物館蔵

スペイン人のイエズス会士であり神学者のヘロニモ・ナダル（Jerome Nadal, S. J. 1507-80）により，1593年にアントワープで出版された『図解版福音書物語』（*Evangelicae Historiae Imagines*）を収録し，1595年に『福音書についての註解と瞑想』として再版された聖書の学びと瞑想の手引き。『図解版福音書物語』にはイエスとマリアの生涯，そして教会暦の祝祭の起源を説く153点の

図が掲載されている。マールテン・ド・フォスらが原画を描き，ヴィーリクス兄弟らによって彫刻された。本書は福音書の文章に挿絵を付したものではなく，『霊操』（資料 I-8）と同様に，修行者が段階を踏んで救済への連続した場面を体験していくように考案されている。図中のアルファベットは下部の解説に対応している。（宮川）

「処女なる母が子に起こされる」

A. 三日間の終わりに，無数の天の軍勢と共にキリストが現れる。

B. （キリストが）閉ざされた墓から母を起こし，彼女の霊魂と身体を最大の賜物で満たす。

C. 不死の栄光によって飾られて，十二の星の冠を戴いて，太陽を纏い，月を足の下にして，輝きに満ちたかの方が上昇する。

D. キリストが彼女を最高の祝福によって迎え入れる。

E. 天の軍勢が彼女を拝み，彼女へ直ちに服従を示して，彼女を神の母，自身と世界の女王として公に認める。

F. 地上において天使たちの合唱が止み，使徒たちは聖なる処女が甦ったことを悟る。

コラム 《聖霊降臨》（ヘロニモ・ナダル『福音書についての註解と瞑想』より）
——霊の満ちる時

西南学院史資料センター アーキビスト・学芸員 宮川由衣

「全世界に行って，すべての造られたものに福音を宣べ伝えなさい」（「マルコによる福音書」16:15）。これは復活後に弟子たちの前に現れたイエス・キリストの言葉である。「福音」とは文字通り，「悦ばしき知らせ」であり，イエス・キリストによってもたらされた福音は，霊に満たされ，力づけられた弟子たちによって全世界へと伝えられる。ヘロニモ・ナダル『福音書についての註解と瞑想』（資料II-1）の《聖霊降臨》（図1）は，その瞬間を描き出している。

さて，画中に記されたアルファベットとそれに対応する解説にそって，この絵を見ていこう。

A．エルサレム，そしてこれらの神秘が成就したシオン山にある場所。

B．主が聖餐を行った家の一室。使徒たちはここに集められた。

C．全員が順に着席している。

D．最も祝福された処女なる母（聖母マリア）が中央に座っている。全員が敬虔なる希望を胸にこの場に集まっている。

E．突然，天から激しい風のような音が聞こえてきて，家中に充満した。

F．炎の舌が現れて一人一人の上にとどまり，彼らは聖霊に満たされた。

G．彼らは，さまざまな言葉で神の賛美を語りはじめる。

H．その音を聞いて群衆が集まる。彼らは混乱し，動揺し，驚き，また嘲笑する者もいる。

I．ペテロは彼らの前に立ち，自ら声を上げ，神の権威をもって彼らへ雄弁に語りかける。

Dについてナダルは「神の母マリアは，この聖なる集まりの中で最も重要な栄誉の座についている」と説いている（Jerome Nadal, S.J. *Annotations and Meditations on the Gospels vol. 3, The Resurrection Narratives,* Translated and edited by Frederick A. Homann, S.J. Saint Joseph's University Press, 2005, pp.161-173）。聖母を中心に配する描写について，若桑みどりは「この出来事を画家が描くにあたって，使徒たちが全部いること，そしてその中で聖母が特権的な優位性を与えられていることが重要である」とした16世紀のカトリック神学者モラヌ

ス（Johannes Molanus, 1533-85）の説明を引用し，この絵はそのとおりに描かれていると述べている（若桑みどり『聖母像の到来』青土社，2008年，p230, Johannes Molanus, *Traité des saintes images: Introduction, traduction, notes et index par François Bæspflug, Olivier Christin, Benoît Tassel*, Patrimoines, Éditions du Cerf, 1996, pp. 517-520）。日本でキリシタン時代に描かれた《マリア十五玄義図》（資料II-3）の聖霊降臨の図でも聖母は中央に配されている。

新約聖書における「聖霊」（プネウマ πνεύμα）は，旧約聖書では「霊（風）」（ルーアッハ רוח）であり，共に神の働きを象徴するものとして語られる。たとえば，「創世記」の冒頭では，神による世界創造の根源的な力が「霊」という言葉で表現される。聖霊降臨の場面でも，「突然，激しい風が吹いて来るような音が天から聞こえ，彼らが座っていた家中に響いた」（「使徒言行録」2:2）とある。

聖霊降臨として語られる弟子たちの経験は，われわれの生とは関係のない特殊な神秘的出来事なのだろうか。遠藤周作はキリスト教の成り立ちを見つめた『イエスの生涯』（1973年）と『キリストの誕生』（1978年）の2部の作品において，キリストの弟子たちの経験とその内的な変化に光を当てている。遠藤は，「逮捕されたイエスを見棄てただけでなく，衆議会に助命を乞うて身の安全を計った使徒たちは，わたしたちと同じような俗人であり，弱虫であった」と言い，次のように続ける。「その彼らがイエスの死後，突然，目覚めるのである。弱虫で卑怯者だった彼らはもう死も怖れない。［……］そのふしぎな弟子たちの変りかたの原因こそ，聖書がわたしたちに課するテーマであり，謎とも言えるであろう」と（遠藤周作『イエスの生涯』新潮社，1973年，pp. 106-108）。

日本にキリスト教の福音の種が蒔かれた時，遙か遠く，東方伝道への志を胸に海を渡った宣教師たちに想いを馳せてみる。彼らはイエス・キリストの弟子たちと同じように霊に満たされ，神の働きに出会い，そして福音を宣べ伝えていった。

►図1 《聖霊降臨》（『福音書についての註解と瞑想』より）
1595年／アントワープ（ベルギー）／ヘロニモ・ナダル／西南学院大学博物館蔵

SACRA DIES PENTECOSTES.

Act. ij.

149

CXXVij

A. *Hierusalem, & locus in monte Sion, in quo hæc facta sunt mysteria.*

B. *Cænaculum in ea domo, vbi instituerat Eucharistiam Dominus. Ibi erant sedentes.*

C. *Consident omnes ordine.*

D. *Sedet in medio beatissima Virgo Mater; omnes summa cum expectatione & deuotione.*

E. *Fit repente de cœlo sonus tanquam aduenientis spiritus vehementis, & replet totam domum.*

F. *Apparent linguæ tamquam ignis, qui sedit super singulos. Et repleti sunt Spiritu sancto.*

G. *Incipiunt eloqui varijs linguis Dei laudes.*

H. *Ad hanc vocem conuenit multitudo, mente confunditur, stupent, mirantur, nonnulli tamen irrident.*

I. *Stans autem Petrus leuat vocem suam; concionatur ad illos diuina eloquentia & efficacia.*

II-2. ロザリオの聖母

The Virgin of the Rosary

19世紀頃／ヨーロッパ／ヤン・ヴィーリクス／紙に銅版
西南学院大学博物館蔵

ヤン，ヒエロニムス（ジェローム），アントンのヴィーリクス兄弟は1562年にアントワープで版画家，版画商として活躍を始めた。ヴィーリクス兄弟が中心となって彫刻を手掛けた『図解版福音書物語』（資料II-1）はイエズス会総長の意志によって着想され，版刻された記念碑的出版物であった。当時，イエズス会は宗教改革による新しい教義に対抗し，フランドル地方を中心に小型の礼拝用版画を数多く制作していた。こうした礼拝用の聖像画は宣教師たちによって日本にも多数伝来したと考えられるが，現存するものはきわめて少ない。本資料はヤン・ヴィーリクスによる聖母子図の19世紀頃の復刻と思われる。（宮川）

▷ヨーロッパからもたらされた聖像画

　大正時代に福井で見つかった20枚のフランス製の銅版画は，キリシタン時代に宣教師によって伝来した聖像画として現存する数少ない遺品である。南蛮文化館所蔵《悲しみの聖母》と共に，竹筒に納めて土蔵の壁に塗りこめてあったという。これらの版画は16-17世紀にフランスで制作されたもので，このうちトマ・ド・ルーによる聖母子図（《ロザリオの聖母》）はマリア十五玄義図（資料II-3）の聖母の部分の原画とされる。

[参考画像]
聖母子図（《ロザリオの聖母》）
16-17世紀／フランス／トマ・ド・ルー
紙に銅版／東京国立博物館蔵

Image：TNM Image Archives

II-3. マリア十五玄義図 (紙本著色聖母十五玄義・聖体秘跡図)

The Fifteen Mysteries of the Rosary

原資料：16世紀末–17世紀初期／日本／作者不詳／紙本著色, 額装／京都大学総合博物館蔵
複製：2019(令和元)年／日本／複製画／西南学院大学博物館蔵

高山右近の旧領・下音羽（現・大阪府茨木市）で発見され
たマリア十五玄義図（原田家本）。千提寺の東家から見
つかった同構図のもの（東家本）と同じく，紙に泥絵で
描かれている。上部に聖母子，下部にイエズス会の創立
者であるロヨラ（左）とザビエル（右）を配し，それぞ
れの背後に聖マティアと聖ルチアが描かれている。周囲
には五つずつ十五の玄義が描かれており，左辺は五つの
喜び，上辺は五つの悲しみ，そして右辺は五つの栄光と
なっている。この一部はナダルの『図解版福音書物語』
（資料Ⅱ–1）の図像との関連が指摘されている。 (宮川)

［参考画像］セビリアの聖母
1597（慶長2）年／日本／紙に銅版／宗教法人カトリック長崎大司教区蔵

1597（慶長2）年に島原半島にあった有家（現・長崎県南島原市）のセミナリヨで日本人画学生によって制作されたとされる銅版画。1869（明治2）年にプティジャン司教がマニラのフランチェスコ会修道院で発見し，ローマ教皇ピウス9世に献上した後，大浦天主堂に納められた。下部に「いにしえの聖母，日本のセミナリヨ，1597」（Nuestra Señora de l'Antigua in Sem lapo 1597）と記銘がある。図像の源泉はスペインのセビリア大聖堂の壁画に描かれた聖母子であり，これに基づく招来画像をもとに制作されたと考えられる。この銅版画は中国にわたって木版で模刻され，1604年刊行の『程氏墨苑』に収録された。1583（万暦11）年より，明で宣教を行っていたマテオ・リッチが，日本製の銅版画を入手し，程大約へ提供したのであった。1996（平成8）年，かつてセミナリヨがあった南島原市有家町からの依頼で銅版画家の渡辺千尋氏により，400年前に制作された銅版画と同じ技法で復刻された。（宮川）

［参考画像］セビリアの聖母（スペイン，セビリア大聖堂）

II-4. 『程氏墨苑』(復刻)

Teishi Bokuen (reprint)

原資料：1604（万暦32）年／中国／程大約著，丁雲鵬・呉廷羽ほか画，
　　　黄燐等刻，滋蘭堂刊／紙に木版，故宮博物院(北京)蔵
復刻：1990（平成2）年／中国／中國書店／冊子
　　　西南学院大学博物館蔵

II-5. セビリアの聖母 (渡辺千尋氏による復刻)

Virgin of Seville

1996（平成8）年／日本／渡辺千尋／紙に銅版
有馬キリシタン遺産記念館蔵

複製展示

[参考画像]
ヒエロニムス・ヴィーリクス刻
《サルヴァトール・ムンディ》

II-6. 救世主像

Statue of the Savior

原資料：制作年不詳／日本／銅板に油彩／東京大学総合図書館蔵
複製：2021（令和3）年／日本／複製画／西南学院大学博物館蔵

大阪府茨木市千提寺で発見されたキリスト像。十字架を伴った地球を表す珠を持ち，右手で祝福を与える救世主キリスト像が銅板に油彩で描かれている。この絵の原画はナダルの『図解版福音書物語』（資料II-1）の翻刻に携わった版画家の一人ヒエロニムス・ヴィーリクスがマールテン・ド・フォスの原画を彫った《サルヴァトール・ムンディ》（「世の救い主」の意）であり，この絵は招来されたヨーロッパ製の画像をもとに日本で聖像画が制作されていたことを示している。絵の裏面には Sacam. Iacobus の記名があり，ヤコブ丹羽がイエズス会の宣教師ジョヴァンニ・コーラ（ニコラオ）に指導を受けて描いたものと推測される。画面右下に「IS 97」と記されていることから，1597（慶長2）年に描かれたとする説がある。（宮川）

Image：TNM Image Archives

国指定重要文化財

複製展示

II-7. 聖母像 (親指のマリア)

Madonna (Madonna of the Thumb)

原資料：17世紀後期／イタリア／カルロ・ドルチ派／銅板に油彩／東京国立博物館蔵 (ジョヴァンニ・シドティ旧蔵)
複製：2021 (令和3) 年／日本／俵屋工房 高橋亮馬／複製画／西南学院大学博物館蔵

1708 (宝永5) 年にイタリア人宣教師ジョヴァンニ・シドティ (Giovanni Battista Sidoti, 1668–1714) が禁教下，屋久島に潜入した際に携えてきた聖母像。聖母マリアが青い衣の袖口からわずかに親指をのぞかせる表現から「親指のマリア」の名で呼ばれる。キリストの受難を憂い，胸を痛める「悲しみのマリア」を描く。17世紀後半のフィレンツェで活躍したカルロ・ドルチの工房作か複写である。シドティは，潜入の翌日に捕縛され，江戸に送られて新井白石の尋問を受けた。この絵は捕縛の際に押収された品の一つである。 (宮川)

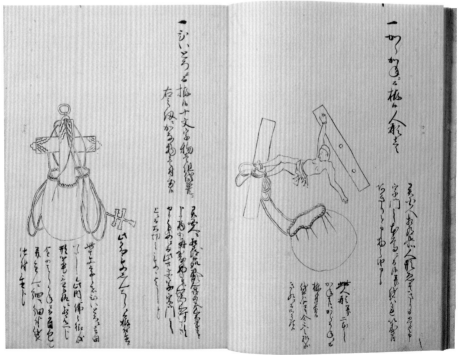

II-8. 『邏媽人款状』

The Record of Arai Hakuseki's interrogation of Giovanni Battista Sidoti

江戸時代後期／日本／嶋原佐章／竪帳, 紙に墨書／西南学院大学博物館蔵

1709（宝永6）年に江戸の小石川宗門 改 所（切支丹屋敷）でシドティの取り調べにあたった新井白石が著した

『西洋紀聞』には，聖母像（資料II-7）などの押収品が図入りで記録されている。『邏媽人款状』はその写しである。

（宮川）

第2章 かくれキリシタンの聖像
The Holy Images of the Hidden Christians (*Kirishitan*)

　徳川幕府により禁教令が出されたのち，1873（明治6）年にキリシタン禁制の高札が撤去されるまでのおよそ250年間にわたり，キリスト教禁教の時代が続いた。かくれキリシタン信者は，禁教下，信仰を隠さなければならない状況を経て，禁教解除後も長らく信仰を秘匿し，その後信仰を公にしていった。彼らは祈りと共にたくさんの聖像を受け継いできた。聖像は数世代にわたるかくれキリシタン信仰の継承を支えた重要な要素であった。

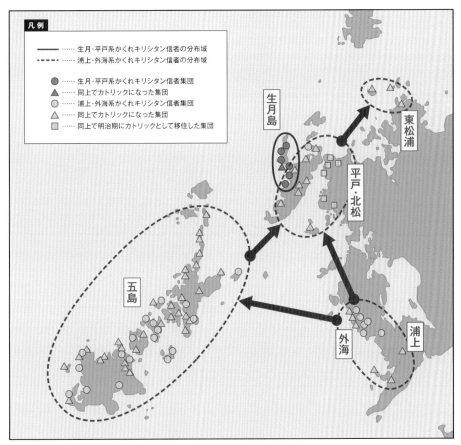

【出典】中園成生『かくれキリシタンの起源：信仰と信者の実相』弦書房，2018年，p.22掲載の図をもとに作成。

　幕末期にかくれキリシタンの信者が存在したのは，長崎県下の平戸地方（生月島，平戸島西岸），浦上，外海地方，五島列島，熊本県下の天草下島西部，福岡県下の今村（大刀洗町），大阪府下の千提寺周辺（茨木市）などである。このうち，長崎県下のかくれキリシタンの信仰形態は，平戸地方の生月・平戸系と西彼杵半島西岸（外海地方）南部や野母崎半島，長崎北郊の浦上，そして五島列島，平戸島などに分布した外海・浦上系の二つの系統に大きく分けられる。前者の地域には「お掛け絵」という掛軸型の聖像が伝わる。一方，後者の地域では，白磁製などの観音像，いわゆる「マリア観音」などの聖像が祀られた。この地域で起こったキリシタン摘発事件で聖像が見つかった際，これらの像はキリスト教ではなく，習俗的な「異宗」信仰の仏，すなわち「異仏」として処理された。

＊かくれキリシタン：従来のキリシタン研究では，禁教時代にキリシタン信仰を継承した人々を「潜伏キリシタン」，その人々の中で禁教解除・再布教後もカトリックに合流しなかった人々とその子孫を「かくれキリシタン」と区別してきた。この捉え方は禁教解除・再布教を挟んで信仰が変化したという見地から形成されたものだが，最近は禁教解除・再布教の前後で信仰形態が変化したわけではないとも言われている。本書第Ⅱ部では最近の研究成果を反映して，禁教時代から今日に至るまで，ほかの宗教・信仰を並存させながら基本的にキリシタン信仰の形態を保持し続けた信者と，彼らが保持したキリシタン信仰由来の信仰を「かくれキリシタン」と記載する。

▷「多信仰」の構造で守られたキリシタン信仰のかたち

　生月島がある平戸地方では早期（1550〔天文19〕年）に布教が始まる。キリシタンの信仰形態は，ヨーロッパから伝わったカトリックの教義と信仰形態をもとに，日本人の生業や生活に適応し，日本人の習慣や精神性に沿ったかたちで，宣教師の指導のもとで形作られたものだった。この段階では仏教や神道の存在自体は否定されていたが，それらの信仰の要素もキリシタン信仰に影響を与えている。

　平戸藩では幕府の禁教令よりも15年も早く禁教を迎えている（1599〔慶長4〕年）。禁教以降のかくれキリシタン信仰（以下「かくれ信仰」）では，キリシタン信仰のかたちが，仏教や神道の信仰を並存させる多信仰の構造の中で継承された。

　生月・平戸系のかくれ信仰の信仰対象物（御神体）は「お神様」と呼ばれる。生月島で「垣内」「津元」と呼ばれる1600年頃に成立した信心会を起源とする組で祀られるお神様は「御前様」と呼ばれ，「お掛け絵」という掛軸型の聖像画が多い。お掛け絵は宣教師によって伝えられた聖像画に由来するものだが，お掛け絵自体が聖なるものとされる。お掛け絵は古くなると「お洗濯」と呼ばれる新たな絵が制作され，古いお掛け絵は「隠居」と呼ばれる。御前様は，かつては納戸の木箱に仕舞われ，主要な行事の際には木箱と幕で仮設の祭壇を設けて祀った。信仰具にはお掛け絵のほかに，金仏様（ブラケット・メダイ），コンタツ，お札，お水瓶，オテンペンシャ（元は苦行の鞭，祓いに用いる）などがある。

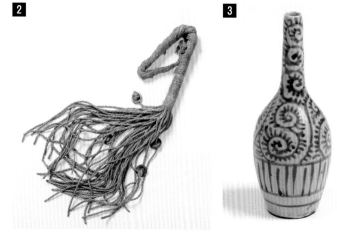

写真1　かくれキリシタン，神道，仏教の祭壇が並存する生月島かくれキリシタン信者の座敷（生月島壱部，種子・大久保親父役宅。祭壇左より，お大師様，仏壇，御前様，氏神神棚）

写真2　オテンペンシャ
　　　　生月島伝来／江戸−明治時代・18−19世紀／西南学院大学博物館蔵

写真3　お水瓶
　　　　古伊万里，生月島伝来／江戸−明治時代・18-19世紀／西南学院大学博物館蔵

【参考文献】
中園成生『かくれキリシタンの起源：信仰と信者の実相』弦書房，2018年。

II-9. お掛け絵「セビリヤの聖母」

Hanging Scroll "The Virgin of Seville"

江戸時代／生月島／一巻，布／平戸市生月町博物館・島の館蔵

生月島山田集落正和六垣内の隠居御前様。赤子を抱く聖母の立像の上に三人の天使が舞う構図である。聖母の足下に雲が描かれていることから，無原罪受胎の聖母像に由来すると推測される。本図の基本的構図およびモティーフの源泉はスペインのセビリア大聖堂にある聖母像（セビリアの聖母）であると考えられる。1597（慶長2）年には有家のセミナリヨで日本人の手によると思われる銅版画が制作されており，本図もこの銅版画もしくは招来された同構図の聖像画をもとに描かれたと考えられる。お掛け絵の聖母はいずれも和装であり，その多くが両胸をはだけて赤子に乳を与える姿で描かれている。（宮川）

II-10. お掛け絵「聖母被昇天」

Hanging Scroll "The Assumption of the Virgin"

江戸時代／生月島／一巻，布・紙／平戸市生月町博物館・島の館蔵

生月島山田集落山田三垣内の隠居御前様。本図は聖母被昇天の図像に由来するものと考えられている。聖母マリアは死の三日後に墓を見守る弟子たちの前で昇天したと伝えられる。本図の聖母の足下に描かれた台形は，本来，聖母被昇天の絵画において遠近法で描かれた石棺であったものである。キリスト教絵画の伝統では，被昇天の図像で聖母は一般的に幼子を抱く姿では表されないため，

本図においてはロザリオの聖母など複数の図像源泉が統合されている可能性がある。聖母子の周囲をロザリオが囲み，キリスト教絵画の伝統に倣って天使は顔のみが描かれている。また，聖母子に向かって左右で合掌するのは，天使あるいは聖母の被昇天を目撃していた弟子たちと推測される。 (宮川)

Ⅱ-11. お掛け絵「聖母子と二聖人」

Hanging Scroll "The Virgin and Two Saints"

江戸時代／生月島／一巻，紙／平戸市生月町博物館・島の館蔵

生月島山田集落山田一垣内の隠居御前様。上部には雲の上の三日月に座り，幼子イエスを抱く聖母を，下部には聖母子を仰ぎ見る二人の聖人を配す。生月島内で同モティーフのお掛け絵を祀る津元・垣内は五つにのぼる。このお掛け絵と近い構図のキリシタン時代の聖像画に，大阪府茨木市千提寺で発見された「マリア十五玄義図」（資料Ⅱ-3）中央の図がある。この図の下部には左から「イエズス会士 聖イグナティウス」（S. P. IGNATIVS.

SOCIETATISIESVS）と「聖フランシスコ・ザビエル」（S. P. FRANCISCVS. XAVERIUS）とあり，これらの聖人像はイエズス会の創始者イグナティウス・デ・ロヨラ（左）とフランシスコ・ザビエル（右）であることがわかる。同構図の古い隠居御前様には，下部の人物像が宣教師の特徴を有する服装で描かれている例も残っているが，本図では服装，容貌共に日本画風に変化している。

(宮川)

II-12. 雪のサンタマリア

Our Lady of the Snows

原資料：1600-14（慶長 5 -19）年／長崎／紙本着彩／日本二十六聖人記念館蔵
複製：2019（令和元）年／複製画／日本／日本二十六聖人記念館

禁教の時代を経て遺る数少ない17世紀の聖像画であり，長崎県外海地区出津で「雪のサンタマリア」と呼ばれて伝わった聖母像。この絵は，ジョヴァンニ・コーラに西欧の画法を学んだ日本人絵師によって描かれたものと考えられ，西欧の絵画の模倣から脱し，材質や描写に日本の絵画様式の特徴が見られる。本来は全身像で描かれた「無原罪の聖母」の図像であったと推測されている。キリシタンに対する厳しい取り締まりが行われる中，竹筒に納め，床下に隠して守られたという。（宮川）

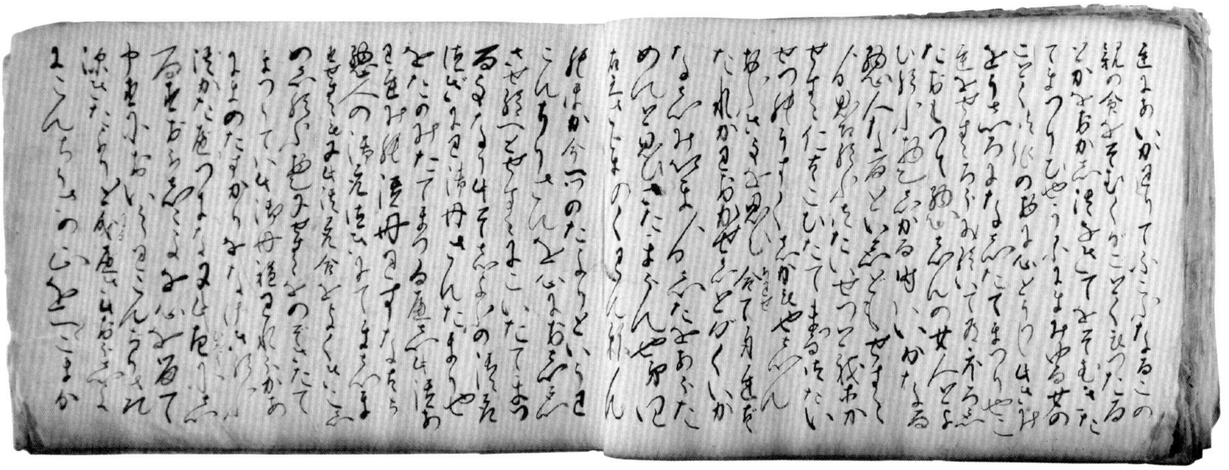

第四　聖母マリアの執りなし（部分）
書き下し

第四

右三さまのくわんねん
のほか今一つのたよりというわ
こんちりさんを心におし
させ給へとせす、にこいたてま
する事なり此そしよふの御取
つぎにわ御母さんたまりや
をたのみたてまつるへし此御あ
われみの御母わすなはち
悪人の御取つきにてましま
すせすゝも又此御取合をよくきこし
めし給ふ物也又此左にし
まつりて八此御母程われらか
にまのたすかりをなげき給ふ
御かたべつにな又此左にし
るすおらしゝよを心に留て
申すにおいてわこんぢりさん
深きたよりと成べき……

II-13. こんちりさんのりやく

Manuscript of the Confession

江戸時代後期か／長崎外海下黒崎地区／紙に墨書／外海潜伏キリシタン文化資料館蔵

布教期に宣教師によって伝えられた祈りの言葉や，教理書などの刊行物とその写本，禁教下のキリシタンが生み出した独自の祈りの言葉などを総称してオラショと呼ぶ。本資料は1603（慶長8）年に司教セルケイラの認可によって刊行されたと考えられる『こんちりさんのりやく』の内容が記されており、オラショとして伝えられてきた写本である。罪を深く悔い改め，ゆるしを願うための心得が示された本書は，多くの信仰組織において写本が保持され，組織の指導役によって代々継承された。内容は組織ごとに少々の差異がみられるが，大意は共通している。（島）

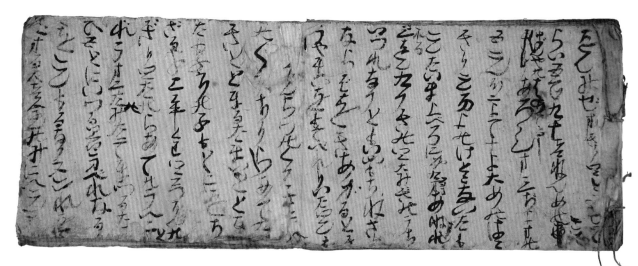

II-14. ドソン（ルソン）のオラッショ

Manuscript of the Confession for Luzon

江戸時代後期か／長崎／紙に墨書／長崎市外海歴史民俗資料館蔵

外海や五島，天草地方に伝わるオラショの一つであり，本来ルソン（フィリピン）に向けての内容であったが，日本向けとなるよう若干の加筆がなされている。1591（天正19）年に教皇グレゴリウス14世が発した大赦の布告文で，ロザリオ，メダイ，聖像画などの祝別した信仰具を所有し祈ることで，免償が与えられるとした内容が伝えられている。（宮川・島）

II-15. 竹筒

Bamboo tube

江戸時代か／長崎外海下黒崎地区／竹製／外海潜伏キリシタン文化資料館蔵

聖像やメダイなどのキリシタン由来の聖具は，通常このような竹筒に入れて保管され，屋根裏などに隠されていた。本資料は外海下黒崎地区に伝わったもの。（宮川）

コラム キリシタンとドソンのオラショ

大浦天主堂キリシタン博物館 学芸員 **島 由季**

はじめに

「オラショ（Oratio）」とは，ラテン語由来の言葉であり，現在の日本においてこの単語を耳にする場合，一般的には「祈り（の言葉）」を意味する。また，現状この言葉は潜伏（もしくは，かくれ）キリシタンたちが密かに継承してきた祈りであるという印象が強いように思われる。もちろん間違いではないが，「潜伏キリシタンの」オラショ，「かくれキリシタンの」オラショと表記するほうがこの意味では正確である。

これら潜伏キリシタン・かくれキリシタンのオラショには，大きくわけて4種類が確認される。①時代を経て一部変容・転訛しているが，ラテン語そのままの文言のもの，②布教期，宣教師らによって公式に日本語訳された日本語のもの，③潜伏期の信仰のなかで生まれた，潜伏キリシタン独自のもの，④祈りの言葉だけでなく，教義や儀式の方法について述べているもの。現在これらすべてをオラショと称しているが，広義の意味であって，基本的に①〜③の祈りの言葉に準ずるものを指すとしたほうがより正確ではないかと考える。

また，実際には，オラショという言葉は潜伏・かくれキリシタンだけのものではない。日本がキリスト教禁教になる以前，布教期から用いられていた言葉である。

1. オラショの伝来

16世紀，日本においてキリスト教の布教が始まり，宣教師たちによってその教義とともに祈りが伝えられた。布教の際には基本的に日本語が用いられていたが，一部ではラテン語やポルトガル語などの単語がそのまま使用された例もある。そのひとつがオラショである。当時の日本には，名詞としての「祈り」や動詞としての「祈る」という単語がすでにあった。しかし，『日葡辞書』を確認すると，これらの単語は「異教徒風の祈禱」との意味が記されており，つまり，主に仏教徒など，キリスト教以外の宗教において使用される祈りであると定義されている。おそらく宣教師たちは，この他宗教の祈りとキリスト教の祈りとを明確に区別するために，オラショという言葉をそのまま用いたのであろう。

1600（慶長5）年に長崎で出版された教理書『どちりなきりしたん』では，キリスト教の教義について，弟子と師匠との問答形式で記述される場面がある。そのなかで，弟子がオラショとは何かを問うのであるが，師匠は「オラショはわれらがねんをてんに通じ御あるじデウスに申上るのぞみをかなへ玉ふみちはしなり」と答えている。つまり，オラショは天の主デウスに対して申し上げるもので，望みをかなえるための手引であり，キリシタンたちはオラショによって自分たちの願いを天へと伝えていたのである。

2. ドソンのオラショ

先述したようにキリシタンのオラショはさまざまな種類があり，さらに地域によって継承されたものに差異が生じている。本展覧会の展示資料でもある「ドソンのオラッショ」（Ⅱ-14）は長崎の外海・五島，熊本の天草に伝わるものであるが，免償についての布告文がオラショとして伝承されている。単純な祈りの言葉ではなく，教義の文書がオラショ化したもので，共同体ごとに継承される過程で細部に変容がみられるが大意は同じである。

この「ドソン（またはルソン）」という言葉が用いられたタイトルは，潜伏キリシタンが付けたものであると考えられている。ドソン（ルソン）とは，フィリピンを指し，その名の通りもともとは当時の教皇からフィリピンのカトリック教会に対して出された勅書である。岡美穂子氏によれば，内容は教皇インノケンティウス9世（在位:1591）からイエズス会士アロンソ・サンチェスに与えられた勅書とほぼ一致し，当時病床にあった前教皇グレゴリウス14世（在位:1590-1591）のもとに認められた内容が，インノケンティウス9世の時に明文化されたものである。免償を受けるための条件・規定の文書であり，さまざまな条件を満たして祈りを捧げれば，それに見合った免償が得られるとされている。しかし，現在キリシタンのものとして伝わるドソンのオラショには，明らかに日本人信徒向けに加筆された箇所があり，ルソンのキリシタン教会の繁栄の上に，日本への宣教師の渡海を願う内容が記述されている。

聖像という点に着目してみると，こんた（ロザリオ），いませ（聖像類），べろにか，くるす（十字架），

あにうすでい（アニュス・デイ，聖具の一種），れりき　あ（聖遺物）のうち，何れかを持ち，目覚め起き上がる時にその日一日罪を犯さないよう念願し，ルソンのキリシタン教会のために祈りを捧げれば，「もと半分のおゆるし（部分免償）」を得られると書かれている。ここで重要となるのは，祈りを捧げる際には信仰具や聖具を何かひとつは所持していなければならないという点である。

　教会での祈りや司祭への罪の告白ができない潜伏期のキリシタンにとって，ゆるしを得ることや魂の救済について記されたオラショなどは大変重要なものであった。それは，「こんちりさんのりやく」（II-13）と名付けられた痛悔や悔悛に関する文書が大切に受け継がれてきたことからも窺えるであろう。潜伏キリシタンたちは，これら文書に書かれた信仰における規定から，禁教下であっても実践可能な方法を用いて信仰生活を送っていた。そのひとつが，先述した信仰具を伴った祈りである。

　かれらはドソンのオラショやこんちりさんのオラショとともに，そのほかの祈りの言葉も密かに伝え続けてきた。長崎においては広い範囲に多くの信仰組織が存在していたが，ほとんどの組織で確認されるのが，ロザリオの祈りで用いられる「てんにまします（主の祈り）」「あべまりや（アヴェ・マリアの祈り，ラテン語）」「がらさみちみち（アヴェ・マリアの祈り，日本語）」などの祈りの言葉であった。一方で，布教期に宣教師からもたらされたロザリオや十字架，メダルなどの信仰具のほとんどは，禁教下の取り締まりで没収され，キリシタンの手元から消えてしまった。潜伏キリシタンたちが，マリア観音像などのいわゆる見立ての像を信仰生活のなかに用いたのは，そのような状況にあってもドソンのオラショで示される免償の祈りを実践しようとしたことがひとつの理由ではないだろうか。表向きの仏教徒や民衆信仰としても違和感がなく，他宗教のものではあっても格の高い神仏像は，見立ての像としてキリシタンたちのなかで納得のいく代替物であったと考えられる。

おわりに

　一部地域のドソンのオラショでは，この信仰具を用いた祈りを行うことによる免償は，すでに亡くなった人にも与えることができるとされている。潜伏キリシタンたちは，正統なカトリックの信仰とは異なった特殊な形態でしか信仰生活を送ることができない状況で，自分たちや先祖の救いを求めてオラショを唱え祈りを捧げていた。かれらが布教期に伝えられた教えをできる限り継承し，キリシタンとしての生活を求めた結果，独自の信仰形態として変容を遂げることとなったが，見立ての像もそのひとつの例と考えられるだろう。

【注】
（１）日本語では基本的に「オラショ」と表記することが多いが，「おらしょ」「おらっしょ」「オラッショ」などと表記揺れがある。これはそれぞれのオラショを継承してきた信仰組織や地域によって，転訛などの差があるためである。
（２）イエズス会が17世紀に出版した辞書で，キリシタン版のひとつ。本コラムにおいては『邦訳　日葡辞書』（土井忠生他編集，岩波書店，1995年）を用いた。
（３）海老沢有道校註『長崎版　どちりなきりしたん』岩波書店，1950年。
（４）前掲注（３），29頁。
（５）カトリック新教会法典　第992条　免償は，罪科としては既に赦免された罪に対する有限の罰の神の前におけるゆるしであって，キリスト信者はこれをふさわしい心構えを有し，一定の条件を果たすとき，教会の介入によってこれを獲得する。
（６）「ドソン（ルソン）のオラショ」という名称のほかに「オラショの功力」という呼び方がある。これは，村上直次郎が1896年に発見し仮称した『耶蘇教叢書』を藤田季荘が写し，その写本を姉崎正治が検討した際に，収録されていた当該オラショについて仮に名付けたものである。
（７）岡美穂子「長崎外海のカクレキリシタン信仰に見る托鉢修道会の布教活動」98頁（国立民族博物館論集２『キリスト教文明とナショナリズム』2014年）。
（８）祈りの言葉の継承についてはかくれキリシタンの信仰調査を参考としている。主な参照元は『長崎県のカクレキリシタン』（長崎県教育委員会，1999年）や堂崎天主堂キリシタン資料館をはじめとする各施設の収蔵資料など。
（９）福江島（五島）の黒蔵地域に伝わるドソンのオラショによる。資料は個人蔵。

▷天草崩れと異仏没収

　1805（文化2）年に天草島内の大江村・崎津村・今富村・高浜村で多くのキリシタンがいっせいに検挙された天草崩れが起こった。キリスト教とゆかりの深い天草では，禁教以降も密かに信仰が継承されていた。それはいつしか風聞で知られるところとなり，当時天草を預かっていた島原藩が捜査に着手したのである。今富村で信仰物と思われる銅製異仏が発見されると，これを契機に5000人を超える天草島民が取り調べを受けた。取り調べの記録によると，信者は「サンタマルヤ（三太丸や）」，「デウス（デイウス）」，「ジュワンジュ」，「クルス」，「アメンジンス」と称される仏（御神体）を信仰していた。その際，物証として没収された仏には，メダイ・プラケットと思われるもののほか，銭，鏡，人形（大黒，寿老人など），アワビやタイラギの貝殻などがある。習俗的な「異宗」を信仰していた「心得違い」の者と幕府が判断したため，キリシタンとしての処罰が下されることはなかった。

©天草四郎ミュージアム

©天草四郎ミュージアム

II-16. 大黒天像
Statue of *Daikokuten*
江戸時代後期か／天草／木製／天草四郎ミュージアム蔵

II-17. 大黒天像
Statue of *Daikokuten*
江戸時代後期か／天草／木製／天草四郎ミュージアム蔵

© 天草四郎ミュージアム

© 天草四郎ミュージアム

II-18. 天草土人形

Statue of Woman with Child

江戸時代後期／天草／陶製／天草四郎ミュージアム蔵

II-19. 天草土人形

Statue of Woman with Child

江戸時代後期／天草／陶製／天草四郎ミュージアム蔵

天草土人形

江戸時代，天草で作られた民芸品の一つ。II-18, 19は金太郎と山姥の像である。これらは，本来キリシタンの信仰とは関係のない伝承に基づく像であるが，赤子を抱く女性の像に聖母子の姿が重ねられたという。

© 天草四郎ミュージアム

II-20. 銭仏

Coins

江戸時代後期／天草／金属製／天草四郎ミュージアム蔵

いくつかの銭貨を結合させて十字架となし，これをクルスと見立てて信仰されていた。銭仏は銭一文・二文などさまざまであり，天草のキリシタンはこれらをデウスやマリアに見立てて信仰していた。銭仏は特に天草島で浸透していたと見られ，天草崩れの際に数多く没収されている。(宮川)

▷ハンタマルヤとマリア観音

　マリア観音とは，外海・浦上系のかくれキリシタンが中国徳化窯産の白磁観音像などをマリアに見立てて祀ったとされる聖像の呼称である。ただし，マリア観音という呼称は，かくれキリシタンが用いたものではなく，後世の研究者などにより用いられるようになったものである。このため今日では，浦上三番崩れに関する史料や東京国立博物館の実物資料に付された，長崎奉行所が信者から聴取した名称を尊重して「ハンタマルヤ」という名称が用いられるようになっている。

　これらの像は，長崎市北部近郊の浦上，北西部の外海地方，外海から江戸時代後期に移住した信者が分布する五島列島などに分布している。このうち，浦上についてはほとんどの資料が1856（安政3）年に起きた浦上三番崩れの没収品であり，現在，東京国立博物館で所蔵されている。これらは史料によってかくれキリシタンに所持されていたことが確かめられるものである。

　一方，外海や五島に遺る資料はかくれ信者が所持していた経歴が確かなものである。そこには白磁以外に金属製などの像も見られるが，これらもマリア観音の範疇に含まれるものとして紹介されることがある。また，天草下島のかくれ信者もさまざまな立像を所持していたことが，1805（文化2）年の天草崩れの際の調書で確認されている。

　東京国立博物館所蔵の像に形状が類似することを根拠に，かくれキリシタンによって所持された来歴が確かでない像についても，しばしばマリア観音として紹介されている。本展では，かくれキリシタンによって所持された来歴が確かであるものについては「ハンタマルヤ」の名称を用い，それ以外の像については「マリア観音」という名称を用いた。

II-21. ハンタマルヤ

Statue of *Hanta Maruya*

江戸時代か／長崎外海下黒崎地区／中国か／金属製
外海潜伏キリシタン文化資料館蔵

II-22. マリア観音

Statue of Mary Kannon

17世紀か／長崎浦上村か／徳化窯（中国）か／白磁製
西南学院大学博物館蔵

II-23. マリア観音

Statue of Mary Kannon

制作年不詳／徳化窯（中国）もしくは日本／白磁製
西南学院大学博物館蔵

II-24. マリア観音

Statue of Mary Kannon

制作年不詳／徳化窯（中国）もしくは日本／白磁製
天草四郎ミュージアム蔵

II-25. マリア観音

Statue of Mary Kannon

制作年不詳／中国もしくは日本／白磁製
天草四郎ミュージアム蔵

II-26. マリア観音

Statue of Mary Kannon

制作年不詳／中国もしくは日本／銅製
天草四郎ミュージアム蔵

第 III 部

再布教
パリ外国宣教会の訪れ
The Catholic Mission after the Opening of Japan:
Arrival of the Paris Foreign Missions Society

　200年以上に及ぶ禁教時代の末期，開国した日本には多くの宣教師たちが各々の教派の霊性を携えて来日していた。カトリックもまた，1664年に教皇認可されたパリ外国宣教会（Missions Étrangères de Paris）を通じて幾人もの宣教師たちを派遣していた。禁教令が解かれる以前から既に，彼らは教会堂を造り，聖像を持ち込み，密かに接触していた潜伏キリシタンたちを教導し，信仰書を秘密出版して，来るべき時機に備えていた。かくしてパリ外国宣教会が日本のために用意した霊性の種子は，1873（明治6）年の禁教令の高札撤去後，徐々に芽吹いていくこととなる。

　With the end of the over 200-year-old ban on Christianity, European missionaries belonging to various churches began to enter Japan, bringing their church's spirituality. The Catholic Church also sent missionaries to Japan through the Paris Foreign Missions Society. Even during the time of the ban on Christianity, missionaries of the Paris Foreign Missions Society had already built a Catholic cathedral, brought holy images, instructed hidden Christians in Japan, published religious books secretly, and prepared to the coming time. Thus, the seeds planted by the Paris Foreign Missions Society gradually sprouted after the removal of the board of ban on Christianity.

III-1. 横浜商館天主堂ノ図

Illustration of Trading Houses and the Catholic Church, Yokohama

1870（明治3）年／日本／歌川広重（三代）／紙に木版，色摺，三枚続／西南学院大学博物館蔵

1862（文久2）年，横浜の居留地80番に献堂された開国後最初のカトリック教会の聖堂である横浜天主堂を描く浮世絵。創建当初は本図のような石造りではなく，白壁であったという。五雲亭貞秀の「御開港横浜大絵図二編　外国人住宅図」（神奈川県立歴史博物館蔵）には，横浜天主堂の位置に「オランダ十番　ライテツ住寺」として教会堂が描かれている。この天主堂は人目を惹き，多くの参観者が集まった。その際，宣教師が見物に来た日本人に向かって説教をしたことが問題となり，神奈川奉行が説教を聴いた日本人を逮捕する事件が起こった。本図では，1863（文久3）年に鳥居型鐘楼が付設された後の天主堂が描かれている。1906（明治39）年に山手に移転し，現在はカトリック山手教会となっている。（宮川）

III-2. 『仏蘭西国条約並税則』

Commercial Treaties and Customs Agreements with France

1859（安政6）年／日本／須原屋伊八ほか／竪帳，紙に木版
西南学院大学博物館蔵

1858（安政5）年，幕府はアメリカとの修好通商条約締結を皮切りに計五カ国との条約に調印した。このうち，最後に結ばれたのがフランスとの条約であった。条約の中には，開港場や居留地，貿易などに関する規定が定められており，居留地の中には教会を建てることも許可されている。また，外国人の遊歩に関しては，京都などの特殊な地域を除いては基本的に十里（約40km）四方とされるなど，比較的自由であったことが分かる。居留地では，宣教師たちの尽力によって私塾や学校が創設され，1873（明治6）年にキリスト教の信仰が容認されて以降は布教の拠点となった。（迫田）

Victor Angerer　　　　　Theresianumgasse 4

III-3. ベルナール・プティジャン肖像写真

Portrait of Bernard Petitjean

1875年頃／ウィーン（オーストリア）／ヴィクトール・アンゲラー撮影
名刺判古写真／西南学院大学博物館蔵

パリ外国宣教会のフランス人宣教師ベルナール・プティ
ジャン（Bernard Tadée Petitjean, 1829–84）は、開国後
の1862（文久2）年に来日し、禁教令が解かれる以前よ
り長崎で宣教活動を続け、「信徒発見」に立ち会ったこと
で知られる人物である。本資料はウィーンのヴィクトー
ル・アンゲラー写真工房で撮影されたプティジャンの肖
像写真であり、日本代牧区に関する手続きのため西欧へ
一時帰国していた1875年に撮影されたものだと考えられ
る。（下圍）

❖ パリ外国宣教会による再布教　略年譜

西暦（和暦）	出来事・宣教師たちの事蹟
1844（天保15）年	4月、フォルカード神父が中国人神学生と共に琉球の那覇港に着く。本土上陸は叶わず。
1858（安政5）年	安政五カ国条約。フランス人宣教師の来日が可能となる。
1859（安政6）年	ジラール神父、パリ外国宣教会の日本布教総責任者として来日。品川に着く。
1862（文久2）年	1月、横浜天主堂（聖心教会）献堂。2月、横浜天主堂に通っていた日本人見物者33人が幕府に捕縛される（横浜天主堂事件）。11月、プティジャン神父が横浜に上陸。
1863（文久3）年	1月、長崎に天主堂を建設するため、琉球にいたフューレ神父が長崎に派遣される。8月、横浜にいたプティジャン神父も長崎に到着。
1865（元治2・慶応元）年	2月、大浦天主堂（日本二十六聖殉教者聖堂）献堂。3月17日、「信徒発見」。同年より「プティジャン版」印刷開始。　＊プティジャンの認可のもと（秘密）出版されたカトリック宗教文書類の総称。
1866（慶応2）年	プティジャン神父、香港で司教叙階。日本司教となる。
1867（慶応3）年	7月、浦上村キリシタンが捕縛。翌年、114人が萩や津和野、福山に流配される。さらに1870（明治3）年1月には捕縛者の残り全員、約3300人が20藩22カ所に流配される（浦上四番崩れ）。教皇謁見のためプティジャン司教は渡欧、ド・ロ神父を見出す。
1869（明治2）年	12月より第1ヴァチカン公会議開催（翌年9月まで）。プティジャン司教も出席。
1871（明治4）年	ド・ロ神父、来日。横浜で各種出版物の印刷を行う。
1873（明治6）年	2月、禁教令の高札が撤去。ド・ロ神父、長崎へ移動。
1875（明治8）年	プティジャン司教、代牧区分割申請のためローマへ。大浦天主堂横に「長崎の神学校」建設。
1876（明治9）年	日本代牧区、南緯と北緯に分割。北緯代牧区司教座は横浜（1877〔明治10〕年より東京）に、南緯代牧区司教座は大阪に定められる。プティジャン司教は南緯代牧区の教区長となり大阪に拠点を移す。
1879（明治12）年	南緯代牧区司教座が大阪から長崎に移動。プティジャン司教、長崎に戻る。ド・ロ神父は外海地方の担当となり、出津に常駐（1882〔明治15〕年に出津教会建設）。ラ・ゲ神父、来日。
1882（明治15）年	再布教後、初の日本人司祭3人誕生。

【参考文献】高祖敏明『プティジャン版集成解説：本邦キリシタン布教関係資料（1865-1873年）』雄松堂書店、2012年
　　　　　脇田安大著、カトリック長崎大司教区監修『パリ外国宣教会　宣教師たちの軌跡：幕末から昭和初期までの
　　　　　長崎を中心に』長崎の教会群情報センター、2018年

III-4. 『日本聖人鮮血遺書』
（やまとひじり　ちしおのかきおき）

Japanese Martyrology

1887（明治20）年／日本／ヴィリヨン著，加古義一編，村上勘兵衛等出版／書冊／西南学院大学図書館蔵

プティジャンによって建立された長崎の大浦天主堂で1865年2月19日（元治2年1月24日）に献堂式が行われた。それから約1カ月後の1865年3月17日（元治2年2月20日），浦上の潜伏キリシタンたちが大浦天主堂を訪れ，プティジャンに信仰を告白した。「信徒発見」として伝わる潜伏キリシタンの存在が顕わになった瞬間である。プティジャンは信徒たちの求めに応じて，彼らを聖母像の前に案内した。本図は，日本における聖人やキリスト教に関する事柄を年代順に編んだ『日本聖人鮮血遺書』に掲載された信徒発見の様子を描く想像図である。

（宮川）

▷信徒発見

　「信徒発見」とは，まだキリスト教の布教が解禁されていなかった1865年3月17日（元治2年2月20日），大浦天主堂に居たプティジャン神父の許に浦上村のキリシタンであったイザベリナ杉本ゆりが訪れ，自らの信仰を告白して，宣教師と潜伏キリシタンが邂逅（かいこう）した出来事を指す。信徒発見という「東洋の奇跡」が起こった背景には，開国に伴って宣教師が来日できるようになったという社会情勢の変化のみならず，聖像と聖伝を継承し続けた潜伏キリシタンの文化も密接に関わっている。外海・浦上系の潜伏キリシタンたちの間には，七代経てばローマの教皇から遣わされた神父がサンタ・マリアに導かれて日本にやってくる，という「バスチャンの予言」が伝わっていた。そのため，杉本ゆりはプティジャン神父のことを予言された神父だと確信して大浦天主堂を訪れ，自らの信仰を告白してから「サンタ・マリアのご像はどこ？」と尋ねたのであろう。

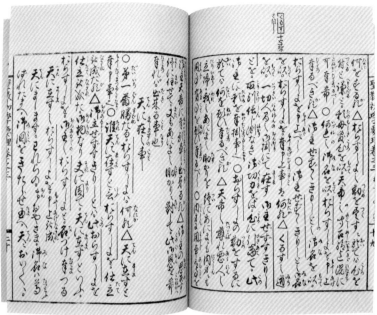

III-5. 『聖教初学要理』(復刻)

A Fundamental Catechism of Christian Doctrine (reprint)

原本：1868（慶応4）年／日本／ベルナール・プティジャン／和装本，紙に木版／上智大学キリシタン文庫蔵
復刻：2012（平成24）年／日本／雄松堂書店／和装本／西南学院大学図書館蔵

『聖教初学要理』は，まだ禁教令が撤廃されていない時期にプティジャンの認可のもと秘密出版された書物の内の一冊である。再布教後に最初に印刷されたカトリックの教理書は『聖教要理問答』（1865〔元治2・慶応元〕年）であるが，これは漢籍を日本語に翻案したものであったため，用語が漢語であり，キリシタンたちの語彙とは異なっていた。それゆえ，キリシタンたちの教導のために

より適した教理書としてプティジャンによって出版されたのが本書である。本書のようにプティジャンの認可のもと（秘密）出版されたカトリック宗教文書類のことを「プティジャン版」と呼ぶ。本図録に掲載されているプティジャン版（III-7を除く）は雄松堂書店より復刻版として出版された「プティジャン版集成」所収本である。
（下園）

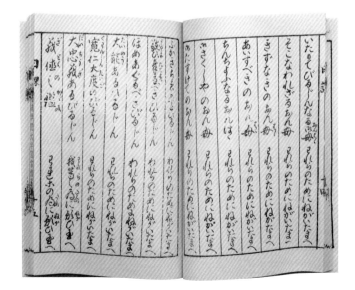

III-6. 『聖教日課』(復刻)

Christian Prayers for the Day (reprint)

原本：1868（明治元）年／日本／ベルナール・プティジャン／和装本，紙に石版／上智大学キリシタン文庫蔵
復刻：2012（平成24）年／日本／雄松堂書店／和装本／西南学院大学図書館蔵

『聖教日課』は，1868（明治元）年，1871年（明治4）年，1874（明治7）年にそれぞれ印刷されたプティジャン版である（本資料は1868年版の復刻）。カトリックの伝統的な祈禱書である聖務日課書（Breviarium）の一種であり，潜伏キリシタン伝来書や中国の韶州で1620年に刊行された『聖教日課』等を底本としている。掲載箇所は「聖母マリアの連禱」の箇所であり，「おん母」「びるじん（＝ virgem〔葡〕）」の呼び名で聖母への祈りが列記されている。（下園）

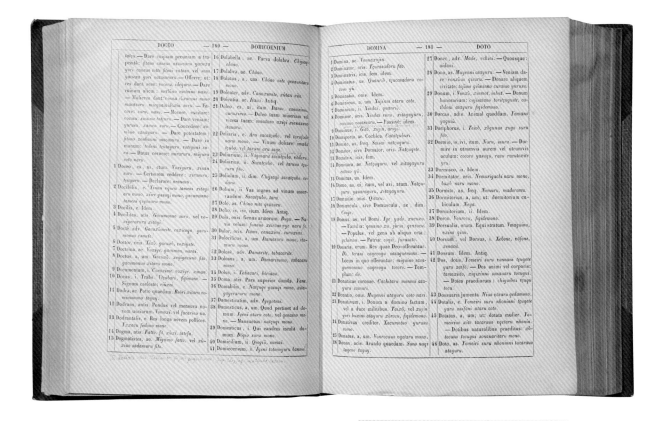

III-7. 『羅日辞書』

Lexicon Latino-Iaponicum

1870年／ローマ（イタリア）／ベルナール・プティジャン／書冊
西南学院大学図書館蔵

　1869（明治2）年，第1ヴァチカン公会議への出席のためローマに向かっていたプティジャンは，マニラに立ち寄った際に，日本人画学生の手による銅版画2点（《聖家族》と《セビリアの聖母》（32頁参照））と複数のキリシタン版を発見する。キリシタン版の内の一冊は天草のコレジョで印刷された『羅葡日対訳辞書』（資料I-18）であり，この辞書を底本としてローマの布教聖省より刊行されたのが本書『羅日辞書』である。本書は『羅葡日対訳辞書』からポルトガル語部分が削除されているほか，日本語説明にも若干の変更が加えられており，当代宣教師の日本語学習に役立てることが企図されている。（下園）

DOMINA —

1 Domina, ae. *Vonnaxujin.*
2 Dominator, oris. *Tçucasadoru fito.*
3 Dominatrix, icis, fem. idem.
4 Dominatus, us. *Quanriŏ, tçucasadoru cotouo yŭ.*
5 Dominatio, onis. Idem.
6 Dominicus, a, um. *Xujinni ataru coto.*
7 Dominium, ii. *Xindai, quanriŏ.*
8 Dominor, aris. *Xindai suru, xitagayuru, coccauo vosamuru.* — Passivè: idem.
9 Dominus, i. *Gitŏ, xujin, aruji.*
10 Domiporta, ae. Cochlea. *Catatçuburi.*
11 Domito, as, freq. *Saisai natçuguru.*
12 Domitor, sive Domator, oris. *Natçuqete.*
13 Domitrix, icis, fem.
14 Domitura, ae. *Natçuquru, vel xitagayuru cotouo yŭ.*
15 Domitus, us. Idem.
16 Domo, as, ui, itum, vel avi, atum. *Natçuquru, yauaraguru, xitagayuru.*
17 Domitio, onis. *Oitacu*

部分拡大図

III-8. 『プティジャン司教の司牧書簡』(復刻)

A Pastoral Letter of Bishop Petitjean (reprint)

原本：1871年2月5日（明治3年12月16日）／日本
　　　ベルナール・プティジャン／紙に木版／上智大学キリシタン文庫蔵
復刻：2012（平成24）年／日本／雄松堂書店／軸装／西南学院大学図書館蔵

1873（明治6）年に高札が撤去される以前，禁教政策下にあった
日本の行く末は西洋キリスト教世界の大きな関心事であった。
1597（慶長2）年に殉教した日本二十六聖人が列聖されたのは
1862（文久2）年のことであり，カトリック教会もまた日本の動
向を注意深く見守っていた。そんな折に起きたのが，浦上村キリ
シタン3400人余りが捕縛され全国の諸藩に配流されるという「浦
上四番崩れ」であった。本事件に際して，当時の日本司教であっ
たプティジャンは，1871年2月5日（明治3年12月16日）に日本
二十六聖人の祝日を祝い，各地に配流されたキリシタンたちへ木
版刷りの本書簡を配布した。本書簡では，キリストやキリストに
倣って十字架に架けられた日本二十六聖人を思い出し，苦難を乗
り越えるよう説かれており，末尾にはプティジャンの署名・印影
と共に「御主にたいして　とら（わ）れこと〳〵くの人々江」
と記されている。（下園・迫田）

プティジャンの署名

III-9. 『教皇ピウス九世書簡』(復刻)

A Pastoral Letter of Bishop Petitjean together with the Japanese Translation of a Letter of Pope Pius IX (reprint)

原本：1872年2月（明治5年正月）／日本／ベルナール・プティジャン／紙に木版／上智大学キリシタン文庫蔵
復刻：2012（平成24）年／日本／雄松堂書店／軸装／西南学院大学図書館蔵

本書簡は，教皇ピウス九世の在位25年記念としてプティジャンが在日宣教師と日本信徒の名においてローマへ送った祝辞の書簡と，それに対する教皇の返書を，プティジャンが前文を付して日本語に訳したものである。浦上四番崩れという艱難（かんなん）に対する教皇の同情・慰め・励ましの意を伝えんとして，プティジャンは1872年2月（明治5年正月）に本文書を木版刷りで配流中のキリシタンたちに宛てて送っている。書簡の終盤には「苦難を凌ぎ届け，勝利を得させ被下候様（くだされ）に，丹精を尽くして天主に願上奉り申べく候（しのぎ）」と述べられており，キリシタンたちの一日も早い解放を願っていることが分かる。（下園・迫田）

III-10. 『ろざりよ十五のみすてりよ図解』(復刻)

The Fifteen Mysteries of the Rosary in Pictures (reprint)

原本：1871（明治4）年／日本／ベルナール・プティジャン／洋装本，紙に石版／上智大学キリシタン文庫蔵
復刻：2012（平成24）年／日本／雄松堂書店／書冊／西南学院大学図書館蔵

プティジャンによって刊行されたマリアの十五玄義を図解した書。プティジャン版ではポルトガル語に由来するキリシタン用語を多く用いる配慮が見られる。「ろざりよ」はキリストと聖母マリアの生涯を「喜び」，「苦しみ」，「栄光」の三部にそれぞれ五つ，あわせて十五の祈りからなり，「みすてりよ」とは玄義を指す。キリシタン時代に描かれた《マリア十五玄義図》（資料Ⅱ-3）はこの祈りを図示したものである。本書は十五玄義について，それぞれ見開きのページの左側に図を配し，右側に主に平仮名を用いて説明が記されている。このうち，本図は「栄福五ヶ条第五」（聖母戴冠）の図解である。（宮川）

[参考画像]　ド・ロ版画墨摺《聖母子》

Madonna and Child by Marc Marie de Rotz

1870年代後半／長崎／マルコ・マリ・ド・ロ／紙に木版，墨摺，掛軸装／大浦天主堂キリシタン博物館蔵

ド・ロによる印刷事業の一環として制作されたのが，ド・ロ版画と呼ばれる大判木版画である。ド・ロ版画として，聖人像5点（「イエスの聖心」，「聖母子」，「聖ヨゼフと幼子イエス」，「聖ペトロ」，「聖パウロ」）と信徒に対して視覚的にキリスト教の教理を説く教理図解5点（「善人の最期」，「地獄図」，「復活と公審判」，「煉獄の霊魂の救い」，「悪人の最期」）の10種類が確認されており，これらは1875-79年の間頃に大浦天主堂付設の神学校で制作されたものと考えられている。ド・ロは版画の構想にあたり，1860年代にフランス人イエズス会士ヴァスール（Adolphe Henri Vasseur, 1828-99）によって上海市西南部の徐家匯にある土山湾の工房で制作された木版画を手本としている。本図は聖人像のうち，聖母子を描いたものである。幼子イエスを抱く聖母の背後には無原罪を表す三日月が配され，原罪を象徴する果実を食べる蛇を足下に踏み，聖母の勝利が表されている。（内島・宮川）

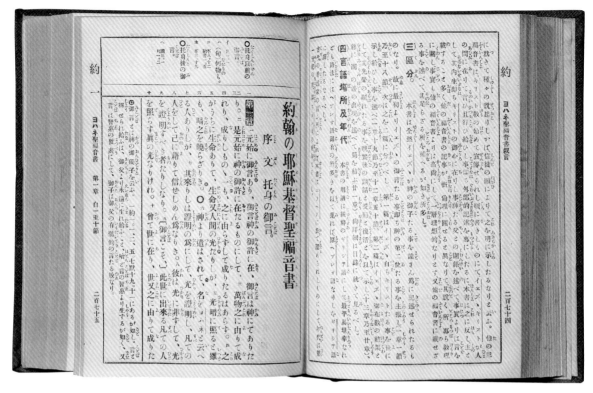

III-11. 『我主イエズスキリストの新約聖書』

The New Testament Translated by Émile Raguet

1910（明治43）年／鹿児島／エミール・ラゲ／書冊／西南学院大学図書館（波多野文庫）

1879（明治12）年に来日したパリ外国宣教会のエミール・ラゲ神父（Émile Raguet, 1854-1929）は，長崎の神ノ島をはじめ，九州各地の伝道を担った人物である。浦上教会建設への尽力や日本における修道女育成などの活動がその業績として知られているが，他方で，執筆活動においても精力的であり，特に『仏和会話大辞典』と『新約聖書』（『我主イエズスキリストの新約聖書』）の二書はラゲ神父の主著とされている。後者の『新約聖書』は，加古義一の補佐を得つつラゲ神父が翻訳し，七高（旧制第七高等学校）の小野藤太教授らの修字・訂正を経て1910（明治43）年に出版されたカトリック教会最初の日本語訳新約聖書である。（下圖）

▷カトリック訳聖書の黎明

　和訳聖書の歴史を辿っていくと，「ゴーブル訳」（1871〔明治4〕年）をはじめとして，数多くの明治期に出版された聖書の名前と出会う。そのうちのほとんどは，プロテスタント諸教派の宣教師が日本人学者と共に作り上げたものであり，聖書翻訳といえばプロテスタントという印象が強い。実際，再布教期における和訳聖書の翻訳・出版事業に先鞭をつけたのは聖書主義のプロテスタントたちであった。しかしながら，カトリックが聖書の翻訳に無関心であったわけではない。カトリック信徒の手による聖書の抄訳として，小嶋準治訳『舊新両約聖書傳』（1879-80〔明治12-13〕年），マラン著『耶蘇言行紀略』和訳版（1880〔明治13〕年），ステイシェン・高橋五郎共訳『聖福音書』（1895／97〔明治28／30〕年）が明治期に発行されており，ラゲ神父による『我主イエズスキリストの新約聖書』（資料III-11）はこのような流れを経て世に出たものであった。

コラム　大浦天主堂附属神学校の歴史と役割

大浦天主堂
キリシタン博物館　学芸員　**内島美奈子**

大浦天主堂は国宝に指定された文化財，さらには「信徒発見」という歴史的出来事の舞台として知られており，日本で最も有名なカトリック教会堂といえる。そうした点は大浦天主堂の一側面に過ぎず，その附属施設とともに幕末明治期に始まるカトリック教会の布教活動の拠点として重要な役割を果たしたことはあまり注目されていない。宣教師たちは布教の推進のためには現地人司祭の養成が急務と考え，いまだ禁教下のなか大浦天主堂境内の司祭館でその取組みを始めた。キリシタン制札撤廃の数年後には，大浦天主堂境内に神学校と伝道師学校を整備している。以降，同地で多くの司祭や伝道師が誕生し，彼らが各地で活躍することで日本のカトリック教会の礎が築かれていく。

本稿では，神学校の歴史を概観したうえで，教育に活用された資料に注目しながら，大浦天主堂附属の神学校の役割について考えみたい。

長崎の神学校のはじまりと発展

長崎の神学校の歴史は1865年に始まる。1865年3月以降，長崎地方のキリシタンが次々と大浦天主堂を訪れるようになると，そのなかから神学生候補として宣教師に子どもを預ける親がでてくる。浦上村出身の高木家の兄弟敬三郎と源太郎，そして五島出身の下村与作の3名が最初の神学生として，司祭館の屋根裏で寝泊まりし教育を受けた。その後，1868年から五島や浦上でキリシタンの大量検挙が相次ぎ，神学生たちの安全性を考えた宣教師たちは彼らを国外に避難させる。神学生たちは宣教師に付き添われ，ふたつのグループにわかれて日本を脱出し，国外で数年を過ごすことになる。そのなかには避難先で命を落とした神学生もいた。

[初期神学校の主な出来事]
1865年12月8日　司祭館の屋根裏で教育開始
1868〜1869年　ペナン（マレーシア）の神学校へ約20名の神学生が避難
1871〜1872年　神学生たちが帰国
1875年　長崎に神学校校舎竣工
1882年　最初の日本人司祭が誕生

1873年にキリシタン制札が撤廃されたことにより，布教と教育活動は活発化していく。1875年に大浦天主堂のすぐ隣に神学校が竣工し，続けて伝道師学校も境内に設立された。現在，神学校の建物は「旧羅典神学校」として重要文化財の指定を受けている。1870年代後半に大浦天主堂は大規模な増改築工事を

行っており，内陣の左右に彼ら専用のミサや教会の祈りに参加する際のスペースが確保されている。この時期，避難先から帰国して東京の神学校に所属していた神学生たちが長崎に戻り，司祭になれるかどうかの試みとして社会に出て，小学校の教員として働いたり，布教に従事したものもいたという。1881年，近代以降の最初の日本人助祭が誕生し，その翌年に司祭に叙階された。大浦天主堂境内の庭園にはその記念として大十字架が設置されている。その頃の神学生の数は50名を超えていたという。

神学校の教育と教材

長崎の神学校や伝道師学校の教育に使用された資料を紹介しながら，その教育内容についてみていきたい。神学校の教育において最も重要な科目のひとつがラテン語である。神学校の教育は小神学校から大神学校へと課程が進んでいくが，大神学校では講義や試験においてもラテン語が使用されるため，小神学校でまずラテン語を習得することが非常に重要とされる。ラテン語教育が重視された背景には，第2ヴァチカン公会議以前の当時，ラテン語が典礼の基本言語であったことがある。祈りの言葉や聖歌はもちろん，ミサで用いる祭具や祭服の名称，公式の文書などに用いられ，ラテン語は「教会人」となるために必須であった。よって，初期の神学校においてラテン語学習の教材の充実が図られており，ここではそのうち3点を取り上げる。

（1）*LEXICON LATINO-IAPONICUMDEPROMPTUM EX OPERE CUI TITULUS. Dictionarium Latino-Lusitanicum ac Iaponicum typis primum mandatum in Amacusa in Collegio Iaponico Societatis Iesu anno Domini M. D. XCV.*

書誌情報　刊行：福音宣教省（当時は布教聖省），ローマ，1870年［展示資料Ⅲ-7］

プティジャン司教がフィリピンのマニラでキリシタン版『羅葡日辞書』（天草，1595年刊行）を手に入れ，ポルトガル語の部分を省いて刊行した辞書。長崎の神学校にはかつて20〜30冊の収蔵があったとされているが，現在は散逸し，神学校の旧蔵資料を管理している当館には1冊が残されている。

（2）*Praelectiones linguae latinae : ad usum alumnorum Seminarii Nagasakiensis*

書誌情報　刊行：神学校，長崎，1877年

「ラテン語講義」と題されたラテン語の文法書。ラテン語の文法について聖書の内容を例文として使

用しながら，ローマ字表記の日本語で解説されている。サブタイトルには「長崎の神学生の使用のために」とあり，編集には「学生の活版印刷の労作（Laboribus Typographicis Alumnorum）」とある。印刷は神学校，出版地は長崎である。408頁にも及ぶ内容は2巻本として構成され，1冊にまとめられて出版(7)されている。本書は，日本語のローマ字表記がフランス語読みで綴られており，フランス人宣教師の関与がうかがえる。パリ外国宣教会に残されている記録によれば，1875年に長崎に着任したペリュー神父が1878年に外海の司牧・布教を担当するまでの間に，神学校の教育を担当していたという。その記録には神父が神学生のためにラテン語文法書2巻本を制作したとあることから，制作に関わっている可能性が(8)ある。

（3）*A B C D. PRIMA PARS. : De appellatione litterarum et syllabarum. Principia et exercitia lectionis*(9)
　書誌情報　刊行：（文中に「長崎らちんガクコウ」，1881年と表記あり）
　ラテン語の文法書。内容はラテン語の「文字と音節の呼称について」「読む原理と実践」という入門者向けのもので，片仮名を多用した平易な日本語で解説される。本資料に書誌情報は記載されていないものの，序文に神学生がこれから入学を希望する若者たちに向けて制作したものであることが記されている。また，ラテン語の発音には日本語には無いようなものが数多くあるため，ぜひとも我らの神父の真の声を聞くべきである，などと記されており，神学生の勧誘も兼ねた他に例のないユニークな文法書となっている。

　神学校校舎内には活版印刷機が設置されていたと伝えられており，こうした教材を宣教師や協力者たちが自ら制作していた。また，初期の神学校では中国から輸入した漢籍も使用されている。主に上海にあるイエズス会の出版拠点である土山湾印刷所（慈母堂とも）や，香港にあるパリ外国宣教会の出版拠点であるナザレ出版（Nazareth Press）のものである。日本人が教理を理解するにあたり，漢字文化圏の書籍がその理解に役に立ったであろうことが指摘されて(10)いる。
　長崎の神学校と伝道師学校では，神学校の卒業生たちが教員として教育活動に従事している。高木源太郎神父（第1回卒業・1882年），深堀忠治神父（第2回・1887年），本田保神父（第2回），松川涼神父（第3回・1889年）などがおり，漢文などの講義を担当したという。さらに，教育に資するための神学系の書籍を日本人司祭が神学校で刊行するようになる。国文学教師を務めた片岡謙介神父（第2回）は10年あま

りの歳月をかけてイエズス会士アルフォンソ・ロドリゲス著『修得指南1～3巻』（1897～1907年）の翻訳を完成させた。当時の校長ボンヌ神父の勧めにより翻訳に取り組み，当時は日本語で書かれた修徳書が少なく，神学生の学習に役立ったとされる。1928(11)年に日本人としては初めて長崎の神学校校長となった浦川和三郎神父（第8回・1906年）は，多くの著作や翻訳書を残している。その翻訳書のひとつ，カルディナル・マニング著『永遠の司祭』は，司祭職とはどうあるべきかを説く内容であり，神学生や司祭(12)向けに出版されたものである。

　以上みてきたように，大浦天主堂附属の神学校は布教と司牧を担う日本人司祭を養成し，さらには神学系書籍の出版事業を行う知の拠点としての役割も果たした。1925年に神学校が大浦の地から移転，1927年には初の邦人司教が誕生し，パリ外国宣教会の宣教師たちは長崎の地を去る。1930年に一時的に大浦の神学校に神学生が戻るものの，浦川神父が校長を務めた時代に近隣の東山手に移転している。日本のカトリック教会が自立へと歩みを進める1920年代後半から30年代に，大浦天主堂とその附属施設は布教の拠点としての役割を終えたといえるだろう。

【注】
（1）長崎の神学校の歴史や活動の内容については主に以下を参照した。中島政利『福音伝道者の苗床──長崎公教神学校史』1977年。
（2）中田秀和『隠れキリシタンから司祭に──トマス島田喜蔵神父の生涯』中央出版社，1981年，70頁。
（3）大十字架設置には，「禁教時代の不信仰を神に詫びる目的もあった」という。1970年に台風の影響で大十字架の一部が倒壊し，その後修復された。中島政利『主の道を歩む人』1990年，108-9頁。
（4）中島，注1前掲書，34頁。
（5）同書，160頁。
（6）同書，163頁。
（7）九州大学附属図書館収蔵本を調査した。本資料について以下を参照した。吉町義雄「明治十年長崎学林拉語講義」『文學研究』61号，1963年，149-58頁。
（8）"Albert Charles Arsène PÉLU". Rechercher un missionnaire. Institut de recherche France-Asie, https://www.irfa.paris/fr/notices/notices-biographiques/palu （2021年9月1日参照）.
（9）長崎歴史文化博物館収蔵本を調査した。
（10）『幕末明治期における明清期天主教関係漢籍の流入とその影響に関する基礎的研究』（文部科学省科学研究費補助金，代表・柴田篤，1991-1992年度）1993年。
（11）中島，注1前掲書，46頁。
（12）カルディナル・マニング『永遠の司祭』浦川和三郎訳，長崎公教神学校，1939年。著者の名前はヘンリー・エドワード・マニング（Henry Edward Manning）であるが，日本語出版では枢機卿（Cardinal）という聖職名が使用されている。原著 *The Eternal Priesthood* は1883年に出版された。

論文集

イエズス会の霊性と教育

筑波大学名誉教授　桑 原 直 己

はじめに

「宣教師とキリシタン」と題した特別展と連繋する本稿では，キリシタン時代における学校教育，すなわち「セミナリヨ，コレジヨの設立」について扱うことが期待されていると思われる。ここでは，そうした教育機関の設立をはじめとして日本宣教に力を尽くしたイエズス会の霊性と教育との関係について，筆者の最近の研究[(1)]に即して概観を試みる。

1. 近代修道霊性史におけるイエズス会の特徴

まず，イエズス会そのものについて，以下にその三つの特徴を指摘しておきたい。

（1）個人としての自律的霊性

まず，修道霊性史の中での位置づけに関して言えば，イエズス会は現代にまで通ずる「社会進出型修道パラダイム」への方向を押し進めた修道会である，と言うことができる。都市の勃興を背景として12世紀に成立した托鉢修道会は，農業経済を基盤とする中世前半までのヨーロッパ社会における修道制を支配してきた「定住」と「禁域の遵守」を本質とする属地主義的な「ベネディクト型修道パラダイム」を脱して，より機動性をもった「社会進出型修道パラダイム」を実現した。イエズス会は，近代初頭にあってこの方向をさらに一歩押し進めた存在として理解することができる。古いタイプの修道者たちは，定住の原則や聖務日課の共誦などをとおして「修道院」という共同体およびその空間によって支えられていた。これに対して，イエズス会員は社会の中で活動するため，「霊操」によって，個人としての自律性をもった霊性を深める道を切り拓いている。

（2）教会への従順と「国際的」性格

第2に，イエズス会は，原則として終身の総会長のもとでの中央集権的な統治システムをもち，直接教皇に忠誠を捧げる，という組織形態を特徴とする。ところで，「近代」という時代は，「ナショナリズム」の勃興と世俗的な「国家」の台頭を本質的特徴とする。イエズス会は，本質的にそうした「近代」に対する批判原理を内含する存在であった。イエズス会は，国家によるキリスト教の支配，たとえば，カトリックの枠にとどまりながらも「フランス国教会」と化した「ガリカニズム」に見られるような，「国教会」的方向と正面から対立した。その結果，イエズス会は一時解散の憂き目を見るが，こうしたことから，イエズス会には本質的に国家という枠を超えることへの志向があることが窺われる。つまり，イエズス会の霊性は，「教会（教皇）への従順」と「国際性」すなわち国家を超えた普遍性とを志向する霊性とを目指すところにその特徴がある。

（3）教育活動への展開

最後に，その社会的な影響である。イエズス会は宗教改革に対抗する形でのカトリック教会の自己刷新，日本をも含め「大航海時代」によって西欧社会が新たに知ることになった世界への宣教活動などで知られているが，何よりも教育活動，特に現代で言うところの中等教育学校の発達と密接な関係を有する修道会である。イエズス会の教育活動への志向は『イエズス会会憲』から『イエズス会学事規程 Ratio studiorum』へと展開し，近代学校教育の成立に決定的な影響を与えている。そして，このことが本稿のテーマと結びつく。

2. イエズス会と教育活動との結びつき

当初，イエズス会は，学校教育ではなく司牧活動を主要任務とする修道会としての自己認識に立っていた。イエズス会と教育活動との結びつきは，創立者イグナティウス・デ・ロヨラ（Ignatius de Loyola, 1491–1556年）が，無学な隠修士として活動する中で経験した挫折の副次的な結果であったと言える。回心直後のイグ

ナティウスは，身分と家を棄てて巡礼者となり，自己放棄と禁欲とを徹底する隠修士的な生活を志していた。やがて彼はマンレサの地で啓示を受け，後にイエズス会霊性の基礎となる「霊操」の基本的な着想を得た。彼は直ちに親しい仲間たちに対する霊操の指導を開始した。しかし，ここでイグナティウスは，自分が無学であることによる障害に直面する。司祭としての訓練を受けていない彼は倫理神学上の知識を欠いているため，「何が大罪で，何が小罪か」を教える（決定する）ことを禁止された。このことはイグナティウスを大いに落胆させた。こうした挫折を原動力として，イグナティウスは晩学であるにもかかわらず，少年たちに交じって学問を究め始め，最終的にはパリ大学で学び，当時最高水準の学問を身につけるまでに至った。

　イグナティウスがパリで学んだ際，「パリ方式 Modus Parisiensis」と呼ばれる当時のパリ大学の教授法を身をもって学んだ。また，彼の周囲に集まった同志たち，つまり初期イエズス会員たちも多くはパリ大学で学び，後から入会する会員にも当時の最高レベルの教育を受けさせた。このようにしてイエズス会は当時最高の高学歴者集団として出発したことが，やがてイエズス会と教育事業とを結びつかせる契機となった。そのことは，イエズス会が「コレギウム Collegium」─当初は「学寮」であった─と呼ばれる施設を持ち，その「コレギウム」が段階的に「学校」としての性格を帯びてゆくという経緯をとっていた。

3. 「新しい敬虔 devotio moderna」と「人文主義教育」との結合

　初期イエズス会教育の特徴は，イグナティウス自身が学んだパリ大学で採用されていた教育方法，すなわち先述の「パリ方式」の影響によると考えられている。当時のパリ大学はルネサンス人文主義による影響を大きく受けていた。ルネサンス人文主義は，従来の教育に対する一種の文化的挑戦であり，キリスト教側から見ればいくつかの問題性を孕んでいた。一つにはそこで展開されている教養の内実が異教的であること。もう一つは，それがいわゆる競争的な「エリート」教育であることである。

　ここで，イエズス会による「パリ方式」採用の前史として，イグナティウスが所属したパリ大学モンテーギュ学寮を介しての「共同生活兄弟会」の学校の影響を指摘することができる。共同生活兄弟会は，霊性の面でもイグナティウスに大きな影響を与えた「新しい敬虔 devotio moderna」という宗教的な運動の担い手たちによる共同体である。「新しい敬虔」とは，「14世紀末のネーデルラントで形成され，15世紀にベルギー，

フランス，スペイン，イタリア等のヨーロッパ諸国，特にライン河に沿ってドイツに進出したキリスト教霊性の刷新運動」である。「新しい敬虔」の霊性の特色は，厳しい自己否定により，真にイエス・キリストに従うために自己の内面を徹底的に純化することにあり，「霊操」の形成にも大きく影響している。「新しい敬虔」の同志たちの活動は，ネーデルラントおよびドイツ北部で歓迎され，1480年頃以降，各地で共同生活兄弟会の家が作られていった。

　「新しい敬虔」の担い手であった兄弟会や修道院は，会員がその寮監をつとめたラテン語学校の卒業生の中から会員を得た。こうして「新しい敬虔」と人文主義とは，相補的な関係の中で発展していった。ドイツやネーデルラントは民衆の信仰心が篤い地域である。そのような地域に，革新的な知的運動である人文主義が根を下ろすことができたのは，それが「新しい敬虔」がもつ深いキリスト教霊性と結びついていたためである。人文主義的教育を推進する学校と「新しい敬虔」による厳格な宗教性とが結びつくことにより，人文主義が素材とする「古典」の異教的性格，学校で学ぶ生徒たちやその親たちの個人的な栄達を目指す「エリート」志向といった諸要素と，キリスト教教育との緊張関係が一つのバランスのとれた形を示していったものと想像される。

　そして，初期イエズス会学校もまた，「新しい敬虔」の「共同生活兄弟会」のもとでの学校から，そのような教育理念を受け継いでいたと考えられる。

4. キリシタン時代の日本における　イエズス会による学校建設まで

（1）ヴァリニャーノ以前

　日本に初めてキリスト教を伝えたのは，1549年に日本の地を踏んだイエズス会士フランシスコ・ザビエル（1506-52年）であることは有名である。ザビエルは日本人を，「これまで遭遇した［異教徒の］中でもっとも優れた人々」としてその資質を高く評価している。特に日本人が礼節と名誉とを重んじ，貧困を恥とせず，理性的な傾向を有する点で，優れたキリスト教徒となりうる可能性を見ていた。このような日本人に対する好意的評価は，基本的にはその後のイエズス会士たちにも受け継がれる。ザビエルと共に来日し，イエズス会の初代日本布教区長となったコスメ・デ・トルレス（1510-70年），畿内で活躍するグネッキ・ソルディ・オルガンティノ（1533-1609年），そして後述する巡察師アレッサンドロ・ヴァリニャーノ（Alexandro Valignano, 1539-1606年）らは，基本的には日本人を高く評価し，後に「適応主義」と呼ばれる開明的な宣教方針をとっ

た。すなわち，ヨーロッパにおけるキリスト教の習慣を絶対視することなく，自分たちを日本文化に適応させようとした。これは，ヨーロッパ中心主義の意識のもとに宣教地の文化を見下す傾向が強かった当時の一般的なヨーロッパ人の発想を超えるものであった。

しかし，イエズス会士の中にも例外的な存在はいた。トルレスの跡を継いで日本布教区2代目の責任者となった軍人出身のポルトガル人フランシスコ・カブラル（1530?-1609年）は，基本的にアジア人である日本人を蔑視し，日本人がラテン語を習得したり，日本人を司祭とする可能性を認めようとしなかった。また，適応主義を批判した結果，宣教師の側にも日本語を習得させようとはしなかった。もっとも，カブラルが日本人に対して厳しい姿勢で臨んだのは，単に人種的偏見によるのみではなく，ポルトガル管区のイエズス会に見られた過度の厳格主義に走る傾向の反映であったとも指摘されている。

（2）アレッサンドロ・ヴァリニャーノ

そうした中，1579年にイエズス会東インド管区の巡察師，アレッサンドロ・ヴァリニャーノが来日した。巡察師とは，喜望峰から日本に至るまでの広大な東洋地域における宣教の責任者として，総会長を代理する権限を帯びて当該地域を巡察する修道会の最高幹部である。ヴァリニャーノはイタリア出身であった。この人事は当時のカトリック世界における，したがってイエズス会内部における2大勢力であったスペインおよびポルトガルのナショナリズムによる影響力を緩和する意図によるものであったと言われている。ヴァリニャーノを巡察師に指名した総会長メルクリアン自身もネーデルラント（現在のベルギー）の出身であった。このことは，上述イエズス会の「国際性」の現れである。

当時，「東インド管区」はポルトガル国王の宣教保護権の下にあった。ポルトガルのイエズス会員たちは，東インド管区における宣教事業は「当然」ポルトガル管区の支配下に従属すべきものと考えていた。しかし，総会長の意向を受けたヴァリニャーノは，東洋に対する宣教のために派遣する人員として，ポルトガルから見れば「外国人」であるイタリア人やスペイン人を数多く起用した。ヴァリニャーノの狙いは，多国籍の宣教師団を東洋に伴うことによって，まず宣教師の間に国家・民族を超えたキリスト教の精神を確立し，これを基礎として宣教地における現地住民との間に融和を図ることにあった。

ヴァリニャーノは，日本においても，カブラルに見られるような「ポルトガル的なもの」の影響力に対す

る牽制を図った。彼は，来日するやカブラルの日本人蔑視の姿勢が宣教の妨げとなっている事情を知る。激しい対立の末，1582年にカブラルを日本宣教の責任者の地位から解任し，マニラへと去らせた。ヴァリニャーノにより，イエズス会の日本宣教に対する方針は，日本人の資質を高く評価するザビエル以来の基本姿勢に立ち戻った。こうした姿勢は，日本や中国における宣教を特徴づける「適応主義」の土台をなすものであり，本稿のテーマである学校の建設もその一環であった。

5．ヴァリニャーノの教育構想とその実際

（1）ヴァリニャーノの「大教育構想」

ここで我々は，当時の人々の思いを想像するために，数十年後に迫害の運命が待ち受けている事実について現代人が有する知識を一旦忘れ去ってみるべきであろう。高い資質を有する民族との出会いは，ヴァリニャーノに大きな夢を抱かせた。彼は，来日の当初からすでに日本の教会を発展させるための壮大な全体計画を考えていたと言われている。彼は，まず第一に日本の教会を支えるためには日本人司祭を育成する必要があると考えた。これはカブラルの認めなかったところである。しかし彼は単に日本人に司祭への道を開くことにとどまらず，政治および文化の面で指導的な役割を果たす優れた信徒たちをも育成することによって日本の教会の基盤を整えることを構想していた。聖職者養成に限ることなく，信徒をも含めた教会指導者層の養成を構想していた点は，第二バチカン公会議が打ち出した「信徒使徒職」の思想を数百年も先取りするものであった，と言ってもよかろう。

ヴァリニャーノが来日した1579年という時期は，イエズス会がすでにヨーロッパの地において学校教育についての充分な実績を蓄積してはいたが，統一的な『学事規程』の制定（1599年）以前であったことになる。ヴァリニャーノは自分たちがヨーロッパにおいて開発しつつある最新の教育システムを日本に導入しようとしていたことになる。

具体的にはまず，ミヤコ（近畿），豊後（東九州），シモ（下＝西九州）という三つの布教区に各1校，都合3校のセミナリヨ（seminaryo＝中等教育学校）を開いて，前途有望な青少年に人文学科の基礎的教育を学ばせる計画であった。ヴァリニャーノは直ちにその計画を実行に移し，早くも1580年2校のセミナリヨが開校された。すなわち，シモのセミナリヨは有馬晴信の支援のもとにその城下有馬（現・長崎県南島原市）の地に，ミヤコのセミナリヨは織田信長の支援のもとにその城

下町安土（現・滋賀県蒲生郡安土町）に，それぞれ22名の生徒たちを迎えて出発した。しかし，当初豊後地区に予定されていた第三のセミナリヨについては，結局政治的混乱のため実現しなかった。

　セミナリヨの上にはミヤコと豊後との二箇所にコレジョ（collegio ＝高等教育機関）を設置することになっていた。セミナリヨでの３年ないし４年の勉学を修めた後，学生たちには神学を学び司祭を目指す道と，一般信徒として学問を修める道とを自由に選ばせる予定であった。ミヤコに設置するコレジョには，教区司祭を養成するための神学課程を，また，大名をはじめとする武士階級の子弟を，社会的指導層をなす信徒として養成するために哲学・法律・政治などの課程を置く計画であった。ヴァリニャーノは，「将来的にはこのコレジョを東洋におけるキリスト教的教育と学問研究の中心とし，ヨーロッパの諸大学と交流させることを⁽⁷⁾を」夢見ていた。また，セミナリヨを修了した後にイエズス会入会を志願する学生のため，豊後の臼杵（現大分県臼杵市）にノヴィシアード（noviciado ＝修練院）を開設し，特に外国人宣教師の準備教育と語学養成のためのコレジョを大村に開設する計画であった。修練院とは，修道会に新たに入会した者のための初期養成機関のことである。臼杵のノヴィシアードは1581年に実現する。コレジョは最終的には豊後の府内（現：大分県大分市）に一校のみ開設された。日本人・外国人の別を問わず，イエズス会士の養成としての哲学および神学の課程はそこに置かれることになった。1584年には，府内のコレジョで最初のスコラ哲学の講義が行われている。

（２）キリシタン時代の日本における教育機関導入の実際

　ヴァリニャーノの計画がもし完全に実現していたならば，最終的には毎年300人の日本人青年が高等教育を受け，司祭，修道士，信徒として日本社会を指導するエリート集団を形成する筈であった。しかし，結局この計画は完全には実現することなく未完成に終わる。実現されたのは有馬（シモ）と安土（ミヤコ）の二箇所のセミナリヨ，臼杵のノヴィシアード，そして豊後府内のコレジョだけであった。挫折の原因としてまず挙げられるのは，1582年に起こった本能寺の変以降の政治的争乱である。その結果，ミヤコに新たにコレジョを開設するどころか，セミナリヨすらもミヤコから避難せざるを得ない状況となった。また，当時の日本教会には，このあまりにも壮大な構想を実現するだけの人材も財政的基盤も不足していた点も指摘されている。

　結局ヴァリニャーノは聖職者，特に日本人司祭の養成を目指すことを優先させることとした。セミナリヨ，コレジョは聖職者の養成へと目的が限定されたため，それ以外の子弟は入学させないことになり，現代の「神学校」に相当するものとなった。セミナリヨは，司祭を目指す中学・高校生が学ぶ現代の「小神学校」に相当するものとなり，そこではおよそ10歳から18歳までの少年たちが語学や人文学の基礎を学ぶこととなった。卒業生は何らかの意味での聖職への道を歩むことになるが，イエズス会入会，教区司祭，伝道士という可能性があった。セミナリヨからイエズス会に入会した者は，ノヴィシアードにおいてイエズス会士としての初期養成を受けた後，コレジョに進学する道が開かれていた。教区神学校は，後になって日本布教区が独立した司教を戴く教区となり，1593年に司教に叙階されたイエズス会出身のルイス・セルケイラ（1552-1614年）が1598年に来日してから1601年に実現する。ヴァリニャーノは教区神学校についてもミヤコのコレジョの中に開設することを夢見たが，実際にははるかに小規模な形で長崎で成立する。

　実際のセミナリヨ，コレジョが「神学校」としての限定された性格のものとして歩み始めたものの，ヴァリニャーノは当初の大教育構想を断念していたわけではなかった。しかし，1587年の豊臣秀吉のキリシタン禁令の発布とその後の政治情勢によって，残念ながら，ヴァリニャーノの夢はついに実現することなく終わるのである。

【注】

（１）「最近の筆者の研究」については以下を参照。
　　拙著『キリシタン時代とイエズス会教育』，知泉書館，2017年。桑原直己・島村絵里子編『イエズス会教育の歴史と対話』，知泉書館，2020年。
（２）イグナティウス・デ・ロヨラ『自叙伝』70。
（３）上智学院新カトリック大事典編纂委員会編，『新カトリック大事典』研究社，1996-2010年，見出し「デヴォティオ・モデルナ」。
（４）ザビエル，1549年11月５日付，ゴアのサンパウロのコレジョのイルマン等宛書簡，村上直次郎訳 柳谷武夫編『イエズス会士日本通信；上』，雄松堂書店，1968年，p.4
（５）ただし，メルクリアンにヴァリニャーノを強く推挙したのは，ポルトガル管区の総会長補佐ペドロ・フォンセカであった。
（６）ヴァリニャーノの宣教・教育構想については，古典的であるが，以下のチースリク論文による紹介が簡潔にして要を得ているように思われる。
　　Ｈ・チースリク「日本における最初の神学校（一六〇一年―一六一四年）」（キリシタン文化研究所編『キリシタン研究』第10輯，吉川弘文館，1976年，所収）p.4－5
（７）長崎県北有馬町編『「有馬のセミナリヨ」関係資料集』2005年，p.7。

天草の潜伏キリシタンの信仰対象の特質と転化

熊本大学大学院
人文社会科学研究部 准教授 **安 高 啓 明**

はじめに

　幕府の禁教政策が各地で展開されるなかで，表面的にはキリシタンがいない社会が形成されていった。全国で確立された寺請制度はもとより，絵踏（影踏）が行なわれていた地域では二重の宗門改が行なわれ，禁教遵守の根拠とされた。本稿で取り上げる天草は，絵踏をしていた地域にあたり，郡中百姓は禁教政策を遵守していた。さらに，キリシタンの子孫は「類族」として管理された一方，文化2（1805）年に発生した天草崩れで検挙された潜伏キリシタンたちは，先祖伝来の教えを守っていたことに加え，信心具を保有していたことが発覚している。幕府が構築した禁教社会の一方で，これに適応させた信仰形態が創出されていたのである。

　そこで，本稿では，天草の潜伏キリシタンが心の拠りどころとした信心具や信仰対象物について，天草崩れの調書から特徴や変容を見出し，その性質を分類していく。また，浦上三番崩れや四番崩れでの押収物と比較することで，天草の潜伏キリシタンの地域的特質を明らかにしていき，潜伏キリシタンの信仰形態の系統を定義していく。

1. 天草崩れの発生と概要

　天草崩れは，崎津村・大江村・今富村・高浜村で潜伏キリシタンが検挙された事件である。4カ村の人口10,669人の約半分に相当する5,205人が捕縛され，取り調べを受けている。この時の天草は，島原藩が預所としていたが，天草郡中で「牛喰い」の噂などを耳にして検使が派遣され，郡中の状況を調査していた。こうした島原藩の先駆的な動きは，長崎奉行所がこの情報を入手していたことを知っていたためである。

　今富村庄屋上田演右衛門や国照寺の大成などに村内の探索にあたらせると，特異な習慣が明らかになった。「講会」と呼ばれる集会が催されていることも突き止められ，彼らの信仰形態が把握されている。文化元

（1804）年4月には，天草で怪しい仏像が残されていることが報告されており，島原藩は天草にキリシタン容疑者がいることを公式に認めることになった。

　この情報は長崎奉行所に伝えられ，今後の取り調べにあたっても指示を仰いでいる。基本的には郡中の大庄屋や庄屋といった村役人，檀那寺が主体的に取り調べているが，百姓らの意向に添いながら信心具の提出などを求める柔和な対応だった。潜伏キリシタンとしては，所有者を特定させないような対応を望んだものの，取り調べが本格化してくると厳しくなり，各人の所有物はもとより，洗礼名まで確認されている。さらに，祭礼や供物，日繰りなどの信仰形態も明らかにされており，その態様はキリシタンそのものだった。

　しかしながら長崎奉行の判断は，「心得違い」とするもので，先祖伝来の「異宗」を信仰しているという結論を下している。押収された物的証拠から，キリシタンであることは明白であるものの，彼らはキリシタンとは認定されなかったのである。その要因には，寺請制度に従うとともに，絵踏にも応じているために他ならない。禁教政策を遵守していた実態が，キリシタンとして認定することができなかったのである。年貢の納入をはじめ，郡中で特に問題のある行動がみられなかったことも，処罰を回避することができ，行政としても村請制の維持を優先したのである。彼らを大量処分すると村政の停滞を招き，さらに，移住政策の遂行など，村落の立て直しを余儀なくされるため，あえて嫌厭したととらえることもできる。

　こうしてキリシタンとして処罰されなかった天草崩れの裁きは，判例として用いられるなど法的根拠となっていった。また，検挙者の供述調書，没収品などからは潜伏キリシタンの信仰形態が浮かび上がる。布教期に伝来した信心具が，禁教政策を介してどのように変容していったのか，次節でその様子を紹介する。

2. 潜伏キリシタンの信心具

　潜伏キリシタンたちの信心具は，供述調書で詳載される。まず，高浜村の状況についてみると，同村の庄

作が所有する「仏像」は、「蛮国
物と相見」と舶来品とみなしてい
る。庄作がこれを所持していた
経緯は、伯父にあたる甚左衛門が
持っていたものの、甚左衛門が死
去したことを受けて姉にあたる
庄作の母親が譲り受け、その母親
も八年前に死去したため、庄作本
人のところに行き着いた。その
他、庄作は「銭一文」と「十文字
と八つの珠がついた数珠一ツ」（＝
ロザリオ）を所持し、これも前述の
甚左衛門からの伝世品である。
布教期に持ち込まれた舶来品が、
身内間で引き継がれていった実
態がわかる。この蛮国物と思わ
れる「仏像」（仏名：サンタ丸ヤ）

大黒天　　　　　天草土人形（山姥）
（共に、天草四郎ミュージアム蔵）
©天草四郎ミュージアム　　©天草四郎ミュージアム

は彦十も保有し、これらは、布教期の正統な信心具と
いえよう。

　折平は、アンメンゼンス丸ヤさまという仏名の「銭
一文」と、丸ヤという仏名「鹿と鶴を連れた寿老神」
の大幅一枚を所持している。弥吉はサンタ丸ヤの仏名
の「大黒」、傳平は仏名ジュワンジ丸ヤの「大黒天」、
友七はデイウスという「銭一文」、喜三兵衛はサンタマ
ルヤと称す「波銭一文」、権太郎はデイウスという「銭
二文」を持っていた。また、助蔵は、先祖からの「公
西行法師」と「小鏡」、貞吉はマルヤと呼ぶ土製の「弘
法大師」、傳作は「寿老神」が没収されており、仏神像
を信仰していたことがわかる。「弘法大師」について
は、源蔵からもらい受けたもので、三次平・又助と持
ち回りで管理するなど"共有物"だった。為七は「丸
鏡」のほか、「かなくそ」（金糞）という鉱滓までも信
心具としており、宇平次は目貫を親から引き継ぎ信仰
していたのである。

　今富村での信心具についても同じ傾向がみられる。
南蛮製と思われる「唐金之様成異物」が没収されてい
るが、これは竪1寸（約3cm）くらいで、表裏に「人
形」と「紅毛文字」があったという。これはメダイと
思われ、他に8分（約2.4cm）で「塔」や「十文字」、
片方には「紅毛文字」が鋳込まれていたという。そし
て、国産と思われる「土人形」（約4.54cm）や藤原金吉
と銘のある「鏡」が信心具（非正統）となっていたこ
とがわかっている。また、「ていうす様」として尊信し
ていた「十ノ字」がある仏像（準正統）が没収されてい
る。「異仏掛や」一幅や十文字の上に貼り付けた人形の
異仏もあり、正統・準正統・非正統の信心具を有した。

　大江村では、「唐焼六角仏」や「丑ニ乗金仏」、「金
仏」（約3cm）、「ばん国金仏」（南蛮国）、「四角鏡仏」・

「丸鏡」・「大丸鏡」・「小丸鏡」、「土人形」、「銭仏」、「襖
引手之様成仏」、「大黒形之仏」、「鉄のくず仏」などと
いった幅広いものが没収されている。このなかでも
「土人形」は天草の郷土民芸品であり、子を抱く女性を
形作った「山姥」は、聖母子と重ね合わせたもので、
長崎の浦上村で信仰されていたマリア観音像と相似し
た信仰形態である。また、「唐子之様成人形」や「蛮国
仏」（仏名：さんとふめ）、「赤金」といったものが信仰
されており、異国への傾倒がみられる。

　﨑津村では大半が鏡と仏像で、真鍮銭のような外
国製のメダイと思われるものもあったという。他の地
域と同様に焼銭や人形もあったが、アワビやタイラギ
貝が特徴的である。貝は表面に浮き上がる表象をマリ
アに見立てたもので、漁民特有の信心具といえ、極め
て秘匿性の高い信仰形態と評価できる。また、柱を掘
り蓋で被せ、ここにメダイを隠匿していたものもいた。

3.　信心具の特徴と傾向

　天草崩れで没収された信心具を通覧すると、ある特
徴と傾向がみられる。それは、かつてキリスト教布教
の拠点として栄えたキリスト教史における光の部分、
そして、禁教政策下において創意工夫されながら信仰
を維持していた影の部分が、天草の信心具に交錯して
いる。また、生活や文化、慣習とも関連付けたものが
信心具に転化していた実態も看取され、多種多様な創
造性が見出せる。天草の潜伏キリシタンが、布教期を
起点に連綿と続く時間軸のなかで、自らの信心具を創
出していたのである。ここには時勢に逆らわず、適応
しようとする信仰形態となり表出したのである。

　潜伏キリシタンの信心具を系統付けてみてみると、

布教期にもたらされた「蛮国」（＝外国製）のものと，禁教期以降の国産品とに大別できよう。「蛮国ニ相見候」，「紅毛文字ニ相見候」と取調書に記されているように，吟味を担当した役人も南蛮国の物かどうかを特定するのに難儀していたことがわかる。これは，厳しい禁教政策によって，信心具が国内に流入しなかった成果だが，目利きする能力は現場レベルの役人には伴わなくなっていた。また，舶来品には，メダイなどの信心具と貿易品の文物・仏像がある。前者は正統なキリスト教義に従ったものであり，後者はキリスト教義への転化がなされた日用品（非正統）や宗教具（準正統）である。

国産品は，三分類することができる。一つは，日本で伝統的に作られている仏像や掛絵といった宗教的表象である。これは，天草に伝わり受け入れられてきた仏神に関わるものであり，宗教の域を越えた信仰の転化であり，準正統に位置付けられる。次に，身近な日用品への投影がある。鏡や銭をはじめ，金糞という鉱物ですら信仰の対象としている。さらに，﨑津村でみられたように，アワビ貝などの模様を聖母マリアなどに見立てることも行なわれている。あらゆる表象が擬似され，信仰の対象とみなす，潜伏形態としての最終形とも評価することができる。もう一つが郷土民芸品である。土人形は享保年間に天草で作られた民芸品であるが，「山姥」は母親が乳飲子を抱く意匠である。これを聖母子と重ね合わせて信仰していたのであり，民芸品と宗教とが混沌とした，まさに"カオス"化したなかで生まれたものである。

ここで示された国産品の三分類は，一見するとキリシタンとの関係はみられない。それは，天草の生活や文化のなかでごく自然に溶け込んでいたものが，信仰対象として昇華したためである。そのため，取り締まる体制側としては，ここにキリシタン信仰との関連を見出すことはできなかった。天草崩れで捕縛された5,205人のものをキリシタンと断定できなかったのは，この物的証拠の脆弱さがあり，洗礼名を持っていたり，キリシタンの作法が行なわれいたことが確認できたものの，禁教政策を遵守していた彼らの姿勢が勝った。結果として，潜伏形態が創出したこれらの擬似信仰が，彼らの信仰を守ることにつながったのである。

おわりに

天草崩れの後にキリシタンが検挙されたのに浦上三番崩れと四番崩れがある。この時，長崎奉行所に没収されたものは，現在，東京国立博物館で管理されているが，これをみると天草とは異なる信心具の実態もみられる。日本の仏神像を信仰していたことは共通する

が，特に中国徳化窯の観音像が「マリア観音」として信仰されていた点である。これは，中国貿易で輸入されたものであろうが，これが広く行き渡っていた長崎の状況が看取される。天草にも多様な宗教具がもたらされていたが，潜伏キリシタンは異国の物（仏神像）を信仰の対象としていた。その動きには，キリスト教を仏教の一部と認識していた当時の宗教観があり，そこに信仰の矛盾は生じさせていなかったと評価できる。

その一方，天草での信心具となっていた民芸品やアワビ貝，銭仏などは浦上村ではみられない。禁教政策が厳しくなっていくなかで，身近なものが信心具に転化され，潜伏キリシタンの信仰対象は地域性が色濃く反映されていたことが伺えよう。結果として，これが，信仰の隠匿へとつながったのであり，潜伏キリシタンのなかには，意図的に信心具の変容を図っていった。換言すれば，自然発生的に信心具を"選択"していったとも言えまいか。

以上を踏まえて，天草地方における潜伏キリシタンの信仰対象物の系統を図化すると次のようになる。

由来・伝来	時期・性質	物品	系統
舶来品	布教期伝来品	信心具	正統
		貿易品	準正統・非正統
	禁教期伝来品	貿易品	準正統・非正統
国産品	宗教的表象	仏神像	準正統
	日用流通品	銭・鏡	非正統
		自然産物	非正統
	郷土民芸品	土人形	非正統

これをみると，二つに大分類でき，これが五つの中分類，さらに七つの小分類とすることができる。舶来品の入手が困難な天草地域では国産品に傾倒しており，様々な文物が信仰対象物に転化していたのが特徴である。貿易統制による舶来品の少なさが，かえって潜伏信仰を維持することを助長した。天草の潜伏キリシタンは，漁村であったことも信仰形態に反映されるなど，自然や文化を合一とした混沌宗教としての態様が示されるのである。

また，信心具の本質もキリスト教義に依拠した正統品があった一方，仏教の枠内でキリスト教ととらえたが故に生まれた準正統品も存在する。これは長崎の潜伏キリシタンとも共通するが，天草特有というべきものが非正統に相当するものである。これらが潜伏キリシタンが行き着いた信仰形態であり，形成された宗教観なのである。

【参考文献】
安高啓明『浦上四番崩れ——長崎・天草禁教史の新解釈』（長崎文献社，2016年）
安高啓明『踏み絵と踏んだキリシタン』（吉川弘文館，2018年）

かくれキリシタンの聖像

「マリア観音」と「お掛け絵」をめぐって

西南学院史資料センター
アーキビスト・学芸員　**宮川由衣**

はじめに

日本人は生来，その偶像に対する崇敬に熱心であり，異教徒である彼らはその坊主たちから数多くの画像と筆で書いた文字や絵を貰う。［……］ところが，キリシタンになる場合，それをすべて焼いてしまうように命ぜられるので，そのかわりに自分の家に飾り，それを崇敬するため，何かの聖像を与えられることを切に求めている。［……］信者の家のために５万枚以上も必要である。それでデウスの愛において総会長にお願いしたいのは，よい工匠である一人の修道士をここへ派遣することである。彼は，すでにできている聖像，またこれらの原版やそれを作るために必要な道具をもってくるように。そうすると，これらの聖像をここで刷り，そしてキリシタンたちに配布することができる。

1584（天正12）年12月13日
総会長宛　フロイスの書簡[(1)]

これはイエズス会の宣教師ルイス・フロイスが日本からイエズス会の総会長に宛てて送った書簡の一部である。フロイスは，日本人の布教にはとりわけ聖像（聖像画）が必要であること，そしてそのために，日本でその制作に従事する修道士を派遣するようイエズス会の本部に訴えている。この前年には，イエズス会士であり画家のジョヴァンニ・コーラ（ニコラオ）が来日している。コーラの指導のもと日本のセミナリヨで制作された聖像画は，日本国内だけでなく，中国にも配布された。[(2)]

徳川幕府により禁教令が出されると，ヨーロッパからの招来品や宣教師の指導のもと日本で作られた聖像の多くは失われた。こうした中，禁教下に密かに信仰を受け継いでいたかくれキリシタンたちが，キリスト教の図像に触れるほとんど唯一の機会であったのが踏み絵を踏む時であった。しかし，後述するように，天草や浦上のキリシタンは踏み絵を踏んでいた。それでは，かくれキリシタンの聖像はどのようなものであっ

たのだろうか。それは，かつて宣教師によってヨーロッパからもたらされた聖像ではなく，およそ250年にもわたるキリスト教禁教の時代にかくれキリシタンによって生み出された独自の聖像であった。

さて，禁教下にかくれキリシタン信仰が継承された地域の多くが，現在の長崎県に分布している。長崎県のキリシタン信仰は，外海・浦上系と生月・平戸系の二つの系統に大きく分けられる。この二つの地域には，それぞれ異なる種類の聖像が伝わる。外海・浦上地域に伝わるのが，中国から日本にもたらされた白磁製などの観音像，いわゆる「マリア観音」であり，生月・平戸地域には「お掛け絵」という掛軸型の聖像が伝わる。これらの聖像をめぐる信仰は，それぞれの地域におけるキリシタン信仰の特徴を反映している。本稿では，「マリア観音」と「お掛け絵」のそれぞれの聖像をめぐる信仰のかたちについて考察したい。

マリア観音──聖像から異仏へ

長崎に隣接する外海・浦上地域のキリシタンに伝わるのが，中国から日本にもたらされた白磁製などの観音像，いわゆるマリア観音である。マリア観音という呼称はキリシタンが用いていた言葉ではなく，1920年頃から用いられるようになった造語である。[(3)]本来，キリシタンたちは，これらの像を「ハンタマルヤ（サンタ・マリア）」と呼び，祈っていた。これらの像は，中国福建省南部に位置する徳化窯で作られたと考えられている。[(4)]

東京国立博物館のマリア観音像（図１）は，1856（安政３）年に肥前国彼杵郡浦上村（現在の長崎市の一部）で百姓の吉蔵を中心とするキリシタン15名が一斉検挙された浦上三番崩れの際に長崎奉行所がキリシタンから押収した品である。[(5)]この摘発事件では白磁製観音像などの中国製と思われる像が発見され，結局，像没収のうえ，異宗信仰の事件として処理された。これは，浦上三番崩れに先立つ1805（文化２）年に起こったキリシタンの摘発事件，天草崩れに倣った処遇であった。天草崩れで捕らえられた人々は，幕府によって，キリ

図1　マリア観音像
明-清（17世紀）／中国、
徳化窯／白磁／高37.5／
東京国立博物館蔵
Image：TNM Image Archives

シタンではなく，習俗的な「異宗」，すなわち先祖伝来の土着した習俗を信仰していた「心得違い」の者と判断された。そして，「心得違い」と認定される条件が影踏（絵踏）をすることであった。天草崩れでは「蛮国」（＝外国製）のものと思われる仏像などが没収されている。同様に，浦上三番崩れでは，「ハンタマルヤと申す白焼仏像」などの像が没収されているが，僧侶によって鑑定が行われた結果，これらの像は観音の像と判断され，「異様の品」（異仏）とされた。

安高啓明氏は，「浦上三番崩れで捕らえられた人々が，長崎奉行によって耶蘇宗門（キリシタン）と認定されなかったのは，『異仏』が直接的なキリスト教関連物ではなかったことがおおきい」と指摘している。キリスト教の聖像と思われるものを拝んでいたことが明らかになった大村郡崩れ（1657／明暦3年）では，キリシタンとしての処罰が下されている。また，浦上三番崩れにおいては，「毎年絵踏をしていることがキリシタンとは認定できない最大の根拠となっている」という。

マリア観音は見かけ上，観音像として見ることができるため，キリシタンたちが仏教徒を装ううえで，カムフラージュとして機能した。これらの像をめぐっては，従来，「禁教下にキリシタンたちが仏教の観音像にマリアを見立てて拝んだもの」と言われてきた。これに対し，若桑みどり氏は，「マリア観音と呼ばれている像は，日本および中国のキリスト教徒が創造した，独自のマリア像である」とする説を提示している。すでに述べたように，キリシタンたちはこれらの像を「ハンタマルヤ（サンタ・マリア）」と呼んで祈っていたのであり，これらの像は「マリア」としての意味を具有するものであったと考えられる。幕府によって判断さ

れたように，像そのものはキリスト教の関連物ではなく，中国製の仏像，すなわち「異仏」であったとしても，これらの像は，キリシタンの信仰において「ハンタマルヤ」，すなわちマリア像として機能していた。しかし，見かけ上「異仏」であるがゆえに，キリシタン信仰とは関係のない「異宗信仰」と判断される根拠となり，結果としてキリシタンは処罰を免れたのである。

キリシタンの聖像となった像そのものと，その像が指し示す信仰の対象（原型）とが直接一致しないことは，カトリック教会における聖像をめぐる教令の内容と照らし合わせて考えると興味深い。この教令は，8世紀にビザンティン帝国で起こった聖像破壊運動に対し，聖像の崇敬について定めた第2ニカイア公会議（787年）での決議を踏襲したものであり，トリエント公会議の中で決定され，公布された。

キリスト，聖母，諸聖人の聖像を教会堂内に置き，それにふさわしい崇敬（veneratio）をささげるべきである。しかし，聖像の中に神性または神の能力があるかのようであってはならない。過去の異邦人が偶像から期待したように，その聖像から何かを求めたり，それに信頼したりしてはならない。聖像に対する敬い（honos）は，それによって表された原型に向けられるものであり，聖像に接吻し，その前で帽子を脱ぎ，ひざをつくのは，それを通してキリストを礼拝（adoratio）するのであり，キリストに倣った聖人たちを崇敬（veneratio）するのである。このことは，聖像破壊論者に対するこれまでの公会議，特に第2ニカイア公会議の教令によって教えられたことである。

トリエント公会議　第25総会　1563年12月3日
「聖人の執り成しと崇敬，聖遺物，聖像についての教令」

本稿の冒頭で引用したフロイスの書簡は，日本の信徒のため聖像の必要を説いたものであるが，これに先立って1563年に公布された聖像をめぐる教令は，カトリック教会における聖像崇敬の正統性を確かめるものであった。その後，1591年に教皇グレゴリウス14世によって発された大赦の布告文では，ロザリオ，メダイ，聖像画などの祝別された聖具を所有し，祈ることで贖宥が与えられるとされており，この内容は，「ルソン（ドソン）のオラッショ」（資料Ⅱ-11）として日本にも伝えられ，外海・浦上地域のキリシタンに伝承されている。これについて岡美穂子氏は，「キリシタンたちの『聖なるモノ』への強烈な執着は，やはり贖宥と密接な関係のもとで，彼らの信仰の中枢と化した原因がここにも見受けられるのである」と指摘している。

中国製白磁観音像を祀るのは，生月・平戸地域のかくれキリシタン信仰には見られず，外海・浦上地域のキリシタンに固有の風習である。したがって，この地域に伝わる「ドソンのオラッショ」にあるように，聖像を所有し，祈るという行為そのものが，この地域のキリシタンの信仰においては重要な意味をもっていたと考えられる。また，像そのものは仏教の像であっても，聖像に対する敬いがそれによって表された原型に向けられるということは，トリエント公会議でカトリック教会によって確認された聖像崇敬のかたちとしては正当な在り方であるとも言える。したがって，外海・浦上地域のキリシタンの聖像は見かけ上は仏像であるが，この像をめぐる信仰は宣教師の教えに基づく，キリスト教の聖像崇敬を継承するものであったのではないだろうか。この地域のキリシタンは，再布教後にカトリックの洗礼を受けた人々が多かった。一方，生月・平戸地域のかくれキリシタンに伝わる聖像「お掛け絵」は，宣教師がもたらした聖像画の図像を踏襲しており，一見すると宣教師伝来のキリスト教の要素を色濃く残しているように見える。だが，後述するように，お掛け絵はその存在自体が聖なるものとされ，描かれた像は聖母マリアやキリスト，キリスト教の聖人の像とは認識されなくなっている。また，この地域では多くの信者が再布教後も禁教期以来のかくれキリシタン信仰にとどまっている。次節では，生月・平戸地域の聖像から，この地域の信仰のかたちを見ていきたい。

お掛け絵──ナラティヴからイコン，あるいは依代へ

日本におけるキリスト教布教のはじまりは1549（天文18）年に鹿児島に上陸したザビエルによるが，平戸では早くもその翌年の1550（天文19）年に布教が開始された[16]。その後，1553（天文22）年には平戸で数多くの人々が入信しており，その中には平戸松浦氏の有力な家臣であった籠手田安経，一部勘解由らがいた。さらに，1558（永禄元）年には籠手田領の生月島南部，度島，平戸島西岸で領民の一斉改宗が日本ではじめて行われ，1565（永禄8）年には一部領（生月島北部，平戸島西岸）の一斉改宗が行われている。

しかし，平戸藩は全国より15年も早く禁教の時代を迎える。改宗の際に仏像を燃やすといった信者の過激な行動に反発した松浦隆信は，次第にキリスト教と距離を置くようになった。そして，1599（慶長4）年，隆信の息子であり初代平戸藩主の松浦鎮信は，籠手田安一と一部正治に対し，同年に没した父・隆信の葬式への出席を求めたが，両氏は仏式で執り行われる葬式への出席を拒み，多くの信者，領民を連れて長崎に退

去した。こうして，平戸藩では全国に先駆けて禁教政策がとられる。旧籠手田・一部領では教会堂や十字架が破却され，寺院や神社が再建，新造された。さらに，この地域の信者を指導していた籠手田氏旧臣であるガスパル西玄可ら信徒の処刑が行われたが，平戸藩内での直接的弾圧は1645（正保2）年で終息し，その後は制度的な禁教に移行する。平戸・生月地域では早期にキリスト教の布教が開始された一方で，禁教を迎えるのも早かった。禁教以降のかくれキリシタン信仰では，キリシタン信仰のかたちが，仏教や神道の信仰を並存させる多信仰の構造の中で継承された。

生月島では，壱部，堺目，元触，山田の四つの集落にかくれキリシタンの組織が存続してきた。これらの集落には各々複数の「垣内」，「津元」と呼ばれる1600年頃に成立した信心会を起源とする組がある。これらの組織で「御前様」（お神様）と呼ばれて祀られるのが「お掛け絵」という掛軸型の聖像である。これらは宣教師によるキリスト教布教の際に配布された聖像画に由来するが，かくれキリシタンの信仰においては，絵そのものが聖なるものとされる。また，お掛け絵は古くなると「お洗濯」と呼ばれる新たな絵の制作がおこなわれ，古いお掛け絵は「隠居」と呼ばれる。「お洗濯」では基本的なモティーフや構図は踏襲されているが，数世代にわたる代替わりの過程で，その表現が微妙に変化していることが注目される。

ここで，生月島山田集落山田三垣内に伝わるお掛け絵「聖母被昇天」を例に，歴代の「隠居」と呼ばれる古いお掛け絵から，今日の「御前様」に至るまでの表現の変化を見ていきたい（図2-7）。このお掛け絵は，ロザリオに囲まれる構図をとっていることから，「ロザリオの聖母子」の名で呼ばれていた。しかし，本資料を所蔵する平戸市生月町博物館・島の館で平戸地方に残るキリシタンの信仰具を研究する中園成生氏により，このお掛け絵の最も古い作例である隠居（図2）の構図が検証され，ヨーロッパの「聖母被昇天」の絵画（図8）にこれに酷似する構図が確認された[17]。これについて中園氏は，「同絵画には，天上に昇る聖母の下に遠近法で描いた石棺が描かれるが，お掛け絵ではただの台形台座のようになっており，制作者が遠近法を理解していなかったことが考えられる」[18]と指摘している。最も古い隠居から，今日の「御前様」に至るまでの6点のお掛け絵のうち，最初の3点（図2-4）には台形台座が確認できるが，その後の3点（図5-7）ではこの部分が東洋風の雲に置き換わっている。本来，聖母にまつわる伝説を描いた物語画において石棺であった部分が台形台座という装飾的な要素として残り，さらに後代では東洋風の雲へと変化する過程は，ヨーロッパからの招来画像が，かくれキリシタンの信仰の中

図2　お掛け絵「聖母被昇天」
江戸時代初期／生月島山田集落山田三
垣内／一巻　布・紙／縦37.5，横23.0

図3　お掛け絵「聖母被昇天」
江戸時代／生月島山田集落山田三垣
内／一巻　布・紙／縦42.5，横18.2

図4　お掛け絵「聖母被昇天」
江戸時代／生月島山田集落山田三垣
内／一巻　布・紙・木／縦49.0，横28.0

図5　お掛け絵「聖母被昇天」
江戸時代（推定）／生月島山田集落山
田三垣内／一巻　布／縦45.0，横32.5

図6　お掛け絵「聖母被昇天」
明治時代（推定）／生月島山田集落山田
三垣内／一巻　布・木／縦68.0，横38.0

図7　お掛け絵「聖母被昇天」
昭和時代初期／生月島山田集落山田三
垣内／一巻　布・木／縦70.0，横30.0

（＊図2-7は平戸市生月町博物館・島の館蔵）

図8　アンドレア・デル・カスターニョ《聖母被昇天》
1449-50年／イタリア／板にテンペラ，金箔／縦131.3，横150.3
／ベルリン，絵画館蔵

図9　ヒエロニムス・ヴィー
リクス《聖母被昇天》
1563-73年より前／フランドル／
版画／縦41.0，横56.5

図10　ヴィーリクス兄弟
《聖母被昇天》
16世紀／フランドル／版画

で土着化し，変容していく様子を表している。このように，もともと説話画として描かれたナラティヴな絵画が，「お洗濯」の過程で崇敬の対象としてのイコン的な絵画へと変化する様子は，このほかの描写にも見られる。[19]

　さて，フロイスの書簡にあるとおり，イエズス会は布教において積極的に画像を用いたが，持ち運びが容易であり，多くの需要に応えることができる版画は東方伝道において重要な役割を果たした。イエズス会士ヘロニモ・ナダルによる『図解版福音書物語』（*Evangelicae Historiae Imagines*, 1593／資料II-1）は，イエズス会図像の手本とも言うべき画集であり，書物あるいはフォリオのかたちでヨーロッパや布教各地のイエズス会根拠地に送られ，日本にもその一部が伝来していることがわかっている。[20] このうち多くの版画の彫刻を手掛けたヴィーリクス兄弟による「聖母被昇天」の（図9）と同主題のお掛け絵を比較したい。最も古い

隠居の聖母子像（図2）では，聖母は周囲を見渡すようにからだをひねらせ，視線も斜めに向けている。さらに，たなびく領巾が画面に躍動感を与えており，ダイナミックな印象である。こうした表現は版画にも見られる。当時，ヨーロッパでは，イエズス会を中心としたカトリック改革期のバロック絵画を特徴づける躍動感あふれる絵画が多く描かれた。最初のお掛け絵は，恐らく宣教師によってもたらされた同主題の版画などの画像をもとに描かれたと思われ，聖母を取り巻き上昇する画面のダイナミズムが，お掛け絵の聖母の動作や衣服の表現に垣間見られる。また，お掛け絵で聖母の左右で合掌する人物は，天使あるいは聖母が天へと引き上げられるのを目撃していたイエスの弟子たち（図10）と思われる。

　以上のように，お掛け絵「聖母被昇天」にはヨーロッパから伝来した聖像画に共通する要素が見られる一方で，明らかな違いもある。通常，「聖母被昇天」の絵画では，聖母は幼子を抱いておらず，単身像で描かれる（図8-10）。『図解版福音書物語』の同主題の絵でも聖母は単身像で描かれている（資料II-1）。しかし，同主題のお掛け絵ではすべて聖母が幼子を抱いている。したがって，お掛け絵「聖母被昇天」においては，この主題の絵のほかにも，「ロザリオの聖母」（資料II-2）のように幼子を抱く聖母像などの複数の要素が集約され，一枚の絵に統合されている可能性がある。また，最初の2代のお掛け絵（図2-3）では，からだをひねらせる聖母の動的な表現にヨーロッパ伝来の説話画の名残りが見られるが，その後のお掛け絵（図4-7）では，聖母は正面観で描かれるようになる。さらに，石棺の痕跡である台形台座が消失したのち，5代目とそれに続く今日の「御前様」（図6-7）では，聖母は両胸をはだけて赤子を抱いている。[21]お掛け絵におけるこうした変化は，宣教師がもたらした動的な説話画が，やがて静的で正面観のイコンになり，かくれキリシタンの聖像へと変容していく様子を表している。

　本来，物語を伝える役割で描かれた絵画は，生月島のかくれキリシタンの信仰の中で，それ自体が聖なるものとなった。先述のトリエント公会議で定められた聖像をめぐる教令に従えば，「聖像に対する敬いは，それによって表された原型に向けられるもの」である。しかし，お掛け絵の場合，それ自体がご神体であり，それぞれの絵は神の住まう場，すなわち依代のような意味をもっている。古くなったお掛け絵が新たに描きなおされる「お洗濯」の風習は，一般的に修復を施して継承されるヨーロッパのキリスト教絵画の伝統とは異質であり，生月島のかくれキリシタン固有の文化である。お掛け絵そのものが聖なるものであること，そしてそれらが古くなるとその都度新しくされることは，

神の住まう場を清潔に保つ，式年遷宮に象徴されるような神道的な聖性を反映しているのではないだろうか。生月島における聖像の受容と変容は，仏教や神道との並存の中で受け継がれてきた生月島のキリシタン信仰のかたちを如実にうつしだしている。

結　び

　今日マリア観音と称される白磁観音像が伝わる外海・浦上地域のキリシタンの信仰においては，聖像を所有し，祈るという行為自体が重要な意味をもっていたと推測される。この地域に伝わる聖像は見かけ上，仏像であるが，この像をめぐる信仰はキリスト教の教えに基づく，聖像崇敬を継承するものであったと言えるだろう。実際，この地域では再布教後に多くのキリシタンがカトリックの洗礼を受けている。

　一方，早い時期から仏教や神道を並存させるかたちでのキリシタンの信仰形態がとられた生月・平戸地域の聖像「お掛け絵」には，キリスト教以外の文化的影響，とりわけ神道の影響が見られた。当初，キリスト教の説話画として伝わったと見られる聖像は，仏教や神道が並存するこの地域のかくれキリシタン信仰の中で変化していき，やがて正面観の両胸をはだけて赤子を抱く女性像へと姿を変えた。また，生月島のかくれキリシタンの信仰においては，お掛け絵そのものが聖なる存在となった。

　外海・浦上地域と生月・平戸地域のそれぞれの地域に伝わる聖像は，これらの地域におけるキリシタンの信仰のかたちをうつしだしている。聖像とそれをめぐる信仰の多様性は，禁教下の日本で，キリシタン信仰が地域ごとに多様な広がりを見せながら受け継がれていったことを物語っている。

【注】
（1）H・チースリク「レオナルド木村―絵描き―修道士―殉教者」，キリシタン文化研究会編『キリシタン研究』第25輯，吉川弘文館，1985年，p.10の訳による。論述の都合上，一部表記を変えたところもある（*Jap-Sin.* 9, II , f. 329）。
（2）Bailey, Gauvin Alexander. *Art on the Jesuit Missions in Asia and Latin America, 1542-1773*, University of Toronto Press, 1999, p.71.
（3）日沖直子氏によれば，「マリア観音」という呼称が用いられるようになったのは，永山時英が1925年に『吉利支丹史料集』に使って以来とされているが，それ以前にも，芥川龍之介が短編「黒衣聖母」（1920年）において，「麻利耶観音像」を登場させているように，1920年頃から「マリア観音」という名称が用いられており，それらの像は主に白磁製観音像を指していたという（日沖直子「マリア観音」大谷栄一，菊地暁，永岡崇編『日本宗教史のキーワード――近代主義を超えて』慶應義塾大学出版会，2018年，pp.62-68）。
（4）ただし，中には現在の長崎県佐世保市で生産された三川内焼（平戸焼）と見られるものも含まれており，生産

窯の同定には慎重を期す必要がある。東京国立博物館所蔵の没収品の中には，三川内焼だとする付属書簡——ただし付属書簡は伝存せず——を伴っていたという白磁像（東京国立博物館目録番号C-624）も存在する（東京国立博物館編『東京国立博物館図版目録　キリシタン関係遺品篇』2001年，p.170）。

（５）浦上三番崩れに関する史料は以下に収録されている。岡部駿河守，1860年頃「肥前国浦上村百姓共異宗信仰いたし候一件の儀に付申上候書付」他，谷川健一編『日本庶民生活史料集成』第十八巻，三一書房，1972年。

（６）安高啓明『浦上四番崩れ——長崎・天草禁教史の新解釈』長崎文献社，2016年，p.125。

（７）大村郡崩れの際にキリシタンが所持していた聖具については，『大村見聞集』（大村純毅氏所有，大村市立図書館蔵）三十九目録に「さんたまりやの繪」と記録がある（片岡千鶴子『大村「郡崩れ」関係者類族帳の研究』長崎純心大学博物館，2014年，p.33）。

（８）安高，前掲書，p.125。絵踏について，安高氏によれば初期の絵踏はキリシタンたちから忌み嫌われており，捜索の際にも実質的な効果が認められたという。自前の踏絵を所持していた藩では，かつての聖具や信心具を踏絵に転用しており，潜伏キリシタンたちに逃げ場を与えなかった。一方，長崎および長崎奉行所から踏絵を借用していた藩が行っていた真鍮踏絵による絵踏は，キリシタンたちにとっては，状況が緩和されることになったという（安高啓明『踏絵を踏んだキリシタン』吉川弘文館，2018年）。

（９）片岡弥吉氏は「マリア観音」について，「これらの観音像は多くシナ焼で，純粋の仏像として日本に渡来したものが，潜伏時代のキリシタンたちに，サンタ・マリアとして祭られたものであった」としている（片岡弥吉『かくれキリシタン——歴史と民俗』日本放送出版協会，1967年，p.243）。

（10）若桑みどり『聖母像の到来』青土社，2008年，p.340。

（11）これらの像と同じ徳化窯産白磁が福建省の厦門からヨーロッパに輸出されていたことを示す，1690年代後半から1700年代前半にかけてのイギリス東インド会社の販売記録が残されている。この記録中に，「サンクタ・マリア（Sancta Marias）」と記載されていることが注目される。また，これらの像における子を抱く観音の図像の成立には，中国におけるマリアと観音の習合が影響している可能性がある。以上の問題については拙稿（宮川由衣「サンクタ・マリアとしての白磁製観音像—潜伏キリシタン伝来の「マリア観音」をめぐって—」西南学院大学博物館研究紀要（８），西南学院大学博物館，2020年，宮川由衣「キリシタン伝来のマリア観音の源流をめぐって—中国における聖母像の伝来とその変容—」西南学院大学博物館研究紀要（９），西南学院大学博物館，2021年）を参照。

（12）Denzinger, Heinrich. Hünermann, Petrus. edit, *Enchiridion symbolorum definitionum et declarationum de rebus fidei et morum*, Editio XIIII, Ignatius Press, 2012, p.430（H・デンツィンガー編，A・ジンマーマン監修『カトリック教会文書資料集』浜寛五郎訳，エンデルレ書店，1974年，p.315，論述の都合上，一部表記を変えたところもある）。

（13）カトリック教会によって聖像の崇敬を積極的に認める教令が出された背景には，これに先立ち，16世紀はじめの宗教改革期，ツヴィングリ主義が優勢であった地域を中心に各地で聖像の撤去や破壊が頻発していたことが背景にある。一方，カトリック教会は聖像を最大限に活用して布教と宣伝に用いた。宮下規久朗氏によれば，「プロテスタントが聖書と信仰のみによる合理的な神の理解を訴えたのに対し，カトリックは視覚イメージによって聖書の言葉をより近づきやすくし，理性よりも感情に訴えて信仰心を昇揚させようとした」という（宮下規久朗『聖

と俗——分断と架橋の美術史』岩波書店，2018年，p.11）。

（14）これについて岡美穂子氏は，スペイン語史料によれば，グレゴリウス14世の先代のシクストゥス５世も同様の大赦を認めているようであると指摘している（岡美穂子「長崎外海のカクレキリシタン信仰に見る托鉢修道会の布教活動」『キリスト教文明とナショナリズム—人類学的比較研究—』国立民族学博物館論集2，2014年，pp.97-98）。

（15）上掲書，p.98。

（16）平戸・生月地域におけるかくれキリシタンの信仰については，中園成生『かくれキリシタンの起源——信仰と信者の実相』弦書房，2018年を参照。

（17）中園成生「平戸地方のキリシタンにちなんだ信仰具」平戸市文化交流課編『祈りの系譜——平戸地域キリシタン信仰関連資料集』2019年，pp.52-57。

（18）上掲書，p.55。

（19）リングボムは *Icon to Narrative*（1965）において，「イコン」（礼拝画）と「ナラティヴ」（説話画）それぞれによって特徴づけられる絵画について論じている（Ringbom, Sixten. *Icon to Narrative : The Rise of the Dramatic Close-Up in Fifteenth-Century Devotional Painting*, Åbo, 1965, second edition, revised and augmented, Doornspijk, 1984）。そこでは，15世紀ヨーロッパの祈念画における静的なイコンからナラティヴへの展開について検証される。一方，生月島のかくれキリシタンのお掛け絵は，説話画としてもたらされたものが，静的なイコンへと変容していくのであり，これとは逆の現象が見られることが注目される。

（20）若桑，前掲書，p.92。

（21）宮下氏は，「お掛け絵の聖母像のはだけた胸は，日本での図像の改変だと見てよいだろう」と指摘している。ヨーロッパには「授乳の聖母」の図像があるが，その場合，はだけているのは必ず片胸だけであるのに対し，お掛け絵においてはほとんどが両胸をあらわにしている。また，「授乳の聖母」はカトリック改革期以降衰退し，日本にももたらされた形跡はないという。宮下氏は，「中園成生氏の指摘するように，明治以前の日本では乳房を露出させることはエロスとは関係なかったため，日本人信者が，単純に女であり母である聖母の象徴や記号として描いたと思われる」と述べている（宮下規久朗『聖母の美術全史——信仰を育んだイメージ』筑摩書房，2021年，p.360）。

【挿図出典】
図１　《マリア観音像》（C-602），東京国立博物館蔵（長崎奉行所旧蔵品），Image: TNM Image Archives。
図２-７　お掛け絵「聖母被昇天」，平戸市生月町博物館・島の館蔵。
図８　アンドレア・デル・カスターニョ《聖母被昇天》，ベルリン，絵画館蔵。
図９　ヒエロニムス・ヴィーリクス《聖母被昇天》。
図10　ヴィーリクス兄弟《聖母被昇天》（quoted from Hendrickx, Marie Mauquoy. *Les estampes des Wierix, I, conservees au Cabinet des estampes de la Bibliotheque Royale Albert Ier : catalogue raisonné, enrichi de notes prises dans diverses autres collections*, Bibliotheque Royale Albert Ier, 1978, p. 89, Fig. 679)。

76

● 主要参考文献

【単行書】

秋山憲兄『本のはなし：明治期のキリスト教書』新教出版社，2006年

イエズス会編『聖フランシスコ・ザビエル全書簡』河野純徳訳，平凡社，1985年

イエズス会編『聖イグナチオ・デ・ロヨラ書簡集』平凡社，1992年

内山善一ほか『キリシタンの美術』宝文館，1961年

A・エバンヘリスク『ロヨラのイグナチオ：その自伝と日記』佐々木孝訳，桂書房，1966年

岡本さえ『イエズス会と中国知識人』世界史リブレット，山川出版社，2008年

川村信三『戦国宗教社会＝思想史：キリシタン事例からの考察』知泉書館，2011年

川村信三編，キリスト教史学会監修『キリシタン歴史探求の現在と未来』教文館，2021年

キリスト教史学会編『宣教師と日本人：明治キリスト教史における受容と変容』教文館，2012年

桑原直己『キリシタン時代とイエズス会教育：アレッサンドロ・ヴァリニャーノの旅路』知泉書館，2017年

桑原直己，島村絵里子共編「イエズス会教育の歴史と対話」知泉書館，2020年

髙祖敏明『プティジャン版集成　解説：本邦キリシタン布教関係資料1865-1873年』雄松堂書店，2012年

河野純徳『聖フランシスコザビエル全生涯』平凡社，1988年

國學院大學博物館，西南学院大学博物館共編『キリシタン：日本とキリスト教の469年』六一書房，2018年

坂井信生『明治期長崎のキリスト教：カトリック復活とプロテスタント伝道』長崎新聞社，2005年

下園知弥編『聖母の美：諸教会におけるマリア神学とその芸術的展開』花乱社，2019年

天理図書館編『きりしたん版の研究：富永先生古稀記念』天理大学出版部，1973年

東武美術館・朝日出版社編『大ザビエル展：来日450年　その生涯と南蛮文化の遺宝』東武美術館・朝日出版社，
　　1999年

長崎純心大学博物館編『長崎純心大学博物館研究　第21輯「信徒発見150周年」記念講演集』長崎純心大学博物館，
　　2016年

長崎歴史文化博物館編『バチカンの名宝とキリシタン文化：ローマ・長崎　信仰の証』長崎歴史文化博物館，
　　2008年

中園成生『かくれキリシタンの起源：信仰と信者の実相』弦書房，2018年

中村博武『宣教と受容：明治期キリスト教の基礎的研究』思文閣出版，2000年

フランシス・トムソン『イグナチオとイエズス会』中野記偉訳，講談社学術文庫，1990年

皆川達夫『キリシタン音楽入門：音楽渡来考への手引き』日本キリスト教団出版局，2017年

宮川由衣編『明治日本とキリスト教：蒔かれた種』花乱社，2019年

宮崎賢太郎『カクレキリシタンの実像：日本人のキリスト教理解と受容』吉川弘文館，2014年

宮下規久朗『聖母の美術全史：信仰を育んだイメージ』筑摩書房，2021年

安高啓明『浦上四番崩れ：長崎・天草禁教史の新解釈』長崎文献社，2017年

L・ルカチ編，坂本雅彦訳『「イエズス会学事規程」1599年版』上・下，『「比較文化」研究シリーズ』No.5-6，
　　長崎純心大学比較文化研究所，2005年

若桑みどり『聖母像の到来』青土社，2008年

脇田安大著，カトリック長崎大司教区監修『パリ外国宣教会　宣教師たちの軌跡：幕末から昭和初期までの長崎
　　を中心に』長崎の教会群情報センター，2018年

Hsia, R. Po-chia. *Matteo Ricci and the Catholic Mission to China, 1583-1610*, Indianapolis/Cambridge, Hackett
　　Publishing Company, 2016.

Laures, Johannes. *Kirishitan bunko : a manual of books and documents on the early Christian mission in Japan : with
　　special reference to the principal libraries in Japan and more particularly to the collection at Sophia University,
　　Tōkyō, with an appendix of ancient maps of the Far East, especially Japan* 吉利支丹文庫, Sophia University,
　　3rd revised and enlarged edition, 1957. (1st edition, 1940.)

O'Malley, John W. et al. ed. *The Jesuits: Cultures, Sciences, and the Arts, 1540-1773*, University Press of Toronto, 1999.

O'Malley, John W. et al. ed. *The Jesuits II: Cultures, Sciences, and the Arts, 1540-1773*, University Press of Toronto, 2006.

Worcester, Thomas ed. *The Cambridge Companion to The Jesuits*, Cambridge University Press, 2008.

【事典類】

大貫隆，宮本久雄ほか編『岩波キリスト教辞典』岩波書店，2002年

上智学院新カトリック大事典編纂委員会『新カトリック大事典』第1-4巻，研究社，1996-2009年

Carson, Thomas and Cerrito, Joann et al. ed., *New Catholic Encyclopedia*, 2nd edition, Washington, D.C., Catholic
　　University of America, 2003.

＊個々の資料解説については，主要参考文献のほか，所蔵館・複製製作者による解説等を参照した。

● 出品目録

番号	資 料 名	年代／製作地／作者／素材・形態・技法 [ ]内は原資料	法量(cm)	所蔵 [ ]内は原資料
第Ⅰ部　キリスト教の東方伝道				
第1章　東方を目指した宣教師たち				
I-1	アジア図	17世紀前半／アムステルダム(オランダ)／ヨドクス・ホンディウス(父)／紙に銅版，手彩	縦45.5×横55.0	西南学院大学博物館
I-2	『中国図説』より「東アジアの地図を持つイエズス会宣教師たち」	1667年／アムステルダム(オランダ)／紙に銅版	縦37.5×横24.5	西南学院大学博物館
I-3	『中国図説』より「インドのマイラプールにおける聖トマスの奇跡の十字架」	1667年／アムステルダム(オランダ)／紙に銅版	縦37.5×横24.5	西南学院大学博物館
I-4	聖フランシスコ・ザビエル像(複製)	21世紀／日本／複製画 [江戸時代前期(17世紀初頭)／紙本着色]	縦61.0×横48.7 ※額は含まず	西南学院大学博物館 [神戸市立博物館]
I-5	『聖フランシスコ・ザビエル伝』	1793年／ローマ(イタリア)／ジュゼッペ・マッセイ／書冊，紙に活版・銅版	縦19.8×横14.0	西南学院大学博物館
I-6	『イエズス会宣教師たちによる書簡集』第8集	1708年／パリ(フランス)／ニコラ・ルクレール／書冊，紙に活版・銅版	縦16.5×横9.5	個人蔵(上松徹氏より西南学院大学博物館へ寄託)
I-7	『日本教会史』	1737年／ヴェネツィア(イタリア)／ジャン・クラッセ／書冊，紙に活版・銅版，全4巻	1巻：縦17.0×横10.2 2巻：縦17.0×横10.1 3巻：縦17.0×横10.0 4巻：縦17.0×横9.8	西南学院大学博物館
第2章　イエズス会―その霊性と教育―				
I-8	『霊操』	1689年／アントワープ(ベルギー)／イグナティウス・デ・ロヨラ／書冊，紙に活版・銅版	縦18.3×横10.8	西南学院大学博物館
I-9	『キリストに倣いて』	1649年／ブリュッセル(ベルギー)／伝ジョヴァンニ・ジェルセン／書冊，紙に活版・銅版	縦12.0×横7.5	西南学院大学博物館
I-10	『キリストの生涯』	1499年／ズヴォレ(オランダ)／ザクセンのルドルフ／紙に活版・木版，手彩	縦27.3×横18.9	個人蔵
I-11	『神学大全』第2-2部	1580年／ヴェネツィア(イタリア)／トマス・アクィナス／書冊	縦32.5×横23.5	九州大学附属図書館中央図書館
I-12	『トリエント公会議録』	1781年／アウクスブルク(ドイツ)／マテウス・リーゲル／書冊	縦20.4×横13.0	個人蔵
I-13	『イエズス会学事規定』	1616年／ローマ(イタリア)／イエズス会／書冊，紙に活版・銅版	縦16.6×横11.8	西南学院大学博物館
I-14	『どちりな・きりしたん』(復刻)	【1591年版】 1978(昭和53)年／日本／雄松堂書店／和装本 [1591(天正19)年／加津佐もしくは天草／イエズス会／和装本，紙に活版] 【1600年版】 1978(昭和53)年／日本／雄松堂書店／和装本 [1600(慶長5)年／長崎／イエズス会／和装本，紙に活版]	【1591年版】 縦24.2×横18.0 【1600年版】 縦25.6×横18.0	【1591年版】 西南学院大学図書館 [ヴァチカン教皇庁図書館] 【1600年版】 西南学院大学図書館 [カサナテンセ図書館]
I-15	『ぎや・ど・ぺかどる』(復刻)	【上巻】 2006(平成18)年／日本／雄松堂出版／和装本 [1599(慶長4)年／長崎／イエズス会，ルイス・デ・グラナダ原著／和装本，紙に活版] 【下巻】 2006(平成18)年／日本／雄松堂出版／書冊 [1599(慶長4)年／長崎／イエズス会，ルイス・デ・グラナダ原著／洋装本，紙に活版]	【上巻】 縦26.1×横19.7 【下巻】 縦26.2×横19.3	【上巻】 西南学院大学図書館 [天理大学図書館] 【下巻】 西南学院大学図書館 [イエズス会日本管区]
I-16	『サカラメンタ提要』(復刻)	2006(平成18)年／日本／雄松堂出版／書冊 [1605(慶長10)年／長崎／イエズス会，ルイス・デ・セルケイラ編／洋装本，紙に活版，二色刷]	縦22.0×横16.5	西南学院大学図書館 [上智大学キリシタン文庫]
I-17	『サントスのご作業の内抜書』(復刻)	2006(平成18)年／日本／雄松堂出版／書冊 [1591(天正19)年／加津佐／イエズス会／洋装本]	縦16.0×横11.0	西南学院大学図書館 [マルチャーナ国立図書館]
I-18	『羅葡日対訳辞書』(復刻)	1979(昭和154)年／日本／勉誠社／書冊 [1595(文禄4)年／天草／イエズス会／洋装本]	縦26.4×横19.2	西南学院大学図書館 [オクスフォード大学ボドレアン図書館]
第Ⅱ部　聖像の伝来と変容				
第1章　東方伝道と聖像の伝播				
II-1	ヘロニモ・ナダル『福音書についての註解と瞑想』	1595年／アントワープ(ベルギー)／ヘロニモ・ナダル／ヒエロニムス・ヴィーリクスほか刻／紙に銅版	縦33.5×横23.0	西南学院大学博物館
II-2	ロザリオの聖母図	19世紀頃／ヨーロッパ／ヤン・ヴィーリクス／紙に銅版	縦13.0×横9.4	西南学院大学博物館
II-3	マリア十五玄義図(紙本著色聖母十五玄義・聖体秘跡図)	2019(令和元)年／日本／複製画 [16世紀末～17世紀初頭／日本／作者不詳／紙本著色，額装]	縦73.9×横60.9	西南学院大学博物館 [京都大学総合博物館]
II-4	『程氏墨苑』(復刻)	1990(平成2)年／中国／中國書店／冊子 [1604(万暦32)年／中国／程大約著，丁雲鵬・呉廷羽ほか画，黄燐等刻，滋蘭堂刊／紙に木版]	縦31.6×横21.0	西南学院大学博物館 [故宮博物院(北京)]

II-5	《セビリアの聖母》(渡辺千尋氏による復刻)	1996(平成 8)年／日本／渡辺千尋／紙に銅版	縦 50.0×横 40.0	有馬キリシタン遺産記念館
II-6	救世主像	2021(令和 3)年／日本／複製画 [制作年不詳／日本／銅板に油彩]	縦 23.0×横 17.0	西南学院大学博物館 [東京大学総合図書館]
II-7	聖母像(親指のマリア)	2021(令和 3)年／日本／俵屋工房 高橋亮馬／複製画／日本 [17世紀後期／イタリア／カルロ・ドルチ派／銅板に油彩]	縦 34.3×横 19.5 ※額は含まず	西南学院大学博物館 [東京国立博物館 (ジョヴァンニ・シドティ旧蔵)]
II-8	『邏媽人款状』	江戸時代後期／日本／嶋原佐章／竪帳, 紙に墨書	縦 26.0×横 14.2	西南学院大学博物館

第２章　かくれキリシタンの聖像

II-9	お掛け絵「セビリヤの聖母」	江戸時代／生月島／一巻, 布	縦 40.5×横 26.0	平戸市生月町博物館・島の館
II-10	お掛け絵「聖母被昇天」	江戸時代／生月島／一巻, 布・紙	縦 42.5×横 18.2	平戸市生月町博物館・島の館
II-11	お掛け絵「聖母子と二聖人」	江戸時代／生月島／一巻, 紙	縦 52.5×横 30.3	平戸市生月町博物館・島の館
II-12	雪のサンタマリア	2019(平成31・令和元)年／複製画／日本 [1600-14(慶長 5 -19)年／長崎／紙に顔料]	縦 27.2×横 21.5	日本二十六聖人記念館
II-13	こんちりさんのりやく	江戸時代後期か／長崎／紙に墨書	縦 13.3×横 19.6	外海潜伏キリシタン文化資料館
II-14	ドソン(ルソン)のオラッショ	江戸時代後期か／長崎／紙に墨書	縦 13.6×横 36.5	長崎市外海歴史民俗資料館
II-15	竹筒	江戸時代か／長崎／竹製	縦 6.5×横 9.0	外海潜伏キリシタン文化資料館
II-16	大黒天像	江戸時代後期か／天草／木製	高 20.5×幅 14.5×奥行 13.5	天草四郎ミュージアム
II-17	大黒天像	江戸時代後期か／天草／木製	箱：高 23.5×幅 17.8 大黒：高 13.5×幅 7.0×奥行 5.3	天草四郎ミュージアム
II-18	天草土人形	江戸時代後期／天草／陶製	高 25.5×幅 24.0×奥行 11.5	天草四郎ミュージアム
II-19	天草土人形	江戸時代後期／天草／陶製	高 28.0×幅 17.0×奥行 15.0	天草四郎ミュージアム
II-20	銭仏	江戸時代後期／天草／金属製	縦 2.7×横 2.7	天草四郎ミュージアム
II-21	ハンタマルヤ	江戸時代か／長崎外海下黒崎地区／中国か／金属製	縦 12.0×横 9.5	外海潜伏キリシタン文化資料館
II-22	マリア観音	17世紀か／長崎浦上村か／徳化窯(中国)か／白磁製	高 24.0×幅 9.5	西南学院大学博物館
II-23	伝マリア観音	制作年不詳／徳化窯(中国)もしくは日本／白磁製	高 22.5×幅 9.3	西南学院大学博物館
II-24	マリア観音	制作年不詳／徳化窯(中国)もしくは日本／白磁製	高 23.0×幅 6.0×奥行 6.1	天草四郎ミュージアム
II-25	マリア観音	制作年不詳／中国もしくは日本／白磁製	高 7.5×幅 6.0×奥行 4.5	天草四郎ミュージアム
II-26	マリア観音	制作年不詳／中国もしくは日本／銅製	高 15.0×幅 10.0×奥行 7.5	天草四郎ミュージアム

第Ⅲ部　再布教―パリ外国宣教会の訪れ―

III-1	横浜商館天主堂ノ図	1870(明治 3)年／日本／歌川広重(三代)／紙に木版, 色摺, 三枚続	縦 37.0×横 73.0	西南学院大学博物館
III-2	『仏蘭西国条約並税則』	1859(安政 6)年／日本／須原屋伊八ほか／竪帳, 紙に木版	縦 25.8×横 18.3	西南学院大学博物館
III-3	ベルナール・プティジャン肖像写真	1875年頃／ウィーン(オーストリア)／ヴィクトール・アンゲラー撮影／名刺判古写真	縦 9.4×横 5.6	西南学院大学博物館
III-4	『日本聖人鮮血遺書』	1887(明治20)年／日本／ヴィリヨン 著, 加古義一 編, 村上勘兵衛等出版／書冊	縦 18.8×横 12.5	西南学院大学図書館
III-5	『聖教初学要理』(復刻)	2012(平成24)年／日本／雄松堂書店／和装本 [1868(慶応 4)年／日本／ベルナール・プティジャン／和装本, 紙に木版]	縦 25.3×横 19.1	西南学院大学図書館 [上智大学キリシタン文庫]
III-6	『聖教日課』(復刻)	2012(平成24)年／日本／雄松堂書店／和装本 [1868(明治元)年／日本／ベルナール・プティジャン／和装本, 紙に石版]	縦 17.6×横 12.1	西南学院大学図書館 [上智大学キリシタン文庫]
III-7	『羅日辞書』	1870年／ローマ(イタリア)／ベルナール・プティジャン／書冊	縦 27.4×横 19.8	西南学院大学図書館
III-8	『プティジャン司教の司牧書簡』(復刻)	2012(平成24)年／日本／雄松堂書店／軸装 [1871年 2 月 5 日(明治 3 年12月16日)／日本／ベルナール・プティジャン／紙に木版]	縦 31.8×横 119.0	西南学院大学図書館 [上智大学キリシタン文庫]
III-9	『教皇ピウス九世書簡』(復刻)	2012(平成24)年／日本／雄松堂書店／軸装 [1872年 2 月(明治 5 年正月)／日本／ベルナール・プティジャン／紙に木版]	縦 31.8×横 119.0	西南学院大学図書館 [上智大学キリシタン文庫]
III-10	『ろざりよ十五のみすてりよ図解』(復刻)	2012(平成24)年／日本／雄松堂書店／書冊 [1871(明治 4)年／日本／ベルナール・プティジャン／洋装本, 紙に石版]	縦 15.9×横 12.0	西南学院大学図書館 [上智大学キリシタン文庫]
III-11	『我主イエズスキリストの新約聖書』	1910(明治43)年／鹿児島／エミール・ラゲ／書冊	縦 16.0×横 12.3	西南学院大学図書館 (波多野文庫)

■編者略歴

下園 知弥（しもぞの・ともや）

1987年生まれ。京都大学大学院文学研究科思想文化学専攻西洋哲学史（中世）専修修士課程修了。現在，西南学院大学博物館教員（助教・学芸員）。専門はキリスト教思想・美術。主な研究論文に「発展する隣人愛—クレルヴォーのベルナルドゥスの神秘神学における『愛の秩序』の一側面—」（日本基督教学会編『日本の神学』第60号，教文館，2021年）がある。

宮川 由衣（みやかわ・ゆい）

1990年生まれ。西南学院大学大学院国際文化研究科国際文化専攻修士課程修了。現在，西南学院学院史資料センターアーキビスト・学芸員，西南学院大学非常勤講師。専門は美術史。主な研究論文に「キリシタン伝来のマリア観音の源流をめぐって—中国における聖母像の伝来とその変容—」（『西南学院大学博物館研究紀要』第9号，西南学院大学博物館，2021年）がある。

■編集協力

山尾 彩香（本学博物館学芸研究員）

迫田ひなの（同上）

勝野みずほ（本学博物館学芸調査員）

山本 恵梨（同上）

相江なぎさ（同上）

2021年度西南学院大学博物館特別展Ⅱ
2021年11月8日〜12月20日

西南学院大学博物館研究叢書
宣教師とキリシタン──霊性と聖像のかたちを辿って

❖

2021年11月8日　第1刷発行

編　　者　下園知弥・宮川由衣

発　　行　西南学院大学博物館
　　　　　〒814-8511　福岡市早良区西新 3-13-1
　　　　　電話 092（823）4785　FAX 092（823）4786

制作・発売　合同会社 花乱社
　　　　　〒810-0001　福岡市中央区天神 5-5-8-5D
　　　　　電話 092（781）7550　FAX 092（781）7555

印刷・製本　大村印刷株式会社

ISBN978-4-910038-40-7